QICHE NEISHI KONGJIAN
JIEXI YU SHEJI

汽车内饰空间
解析与设计

黄颖捷 ◎ 著

中国纺织出版社有限公司

内 容 提 要

本书首次将在建筑领域采用的"空间句法"计算理论应用于汽车内饰空间特性的解析，运用东西方普适的空间哲学分析，提出空间构架"物与非物"的空间观。对比分析15种经典空间认知模型，选取契合大众对物质空间结合汽车内饰空间的客观构成特性，提出汽车内饰空间关系模型，为汽车内饰空间提供宏观的认知框架。本书建立了不同轿车内饰空间流通性和私密性与"空间句法"参数之间的关系，可为未来汽车内饰造型设计提供可借鉴的良好方法。

本书可作为汽车设计与工业设计从业人员，以及相关专业学生与爱好者的参考阅读书籍。

图书在版编目（CIP）数据

汽车内饰空间解析与设计 / 黄颖捷著 . -- 北京：中国纺织出版社有限公司，2022.1
ISBN 978-7-5180-9147-8

Ⅰ.①汽… Ⅱ.①黄… Ⅲ.①汽车 — 内部装饰 — 装饰设计 Ⅳ.① U472

中国版本图书馆 CIP 数据核字（2021）第 230580 号

责任编辑：谢冰雁　　责任校对：楼旭红　　责任印制：王艳丽

中国纺织出版社有限公司出版发行
地址：北京市朝阳区百子湾东里 A407 号楼　邮政编码：100124
销售电话：010—67004422　传真：010—87155801
http://www.c-textilep.com
中国纺织出版社天猫旗舰店
官方微博 http://weibo.com/2119887771
三河市宏盛印务有限公司印刷　各地新华书店经销
2022 年 1 月第 1 版第 1 次印刷
开本：787×1092　1/16　印张：10.5
字数：157 千字　定价：79.90 元

凡购本书，如有缺页、倒页、脱页，由本社图书营销中心调换

序 PREFACE

《汽车内饰空间解析与设计》一书是黄颖捷博士论文以及后续研究综合整理的著作版,写序既是一种荣幸又是一个重新梳理设计研究的机会。书名中,"空间"概念和"内饰空间"概念是本书的两个重要"看点"。

纯粹意义的"空间"是"无界永在"的。即空间的任意一点都是空间的中点,空间永远显现在当前时刻,无穷无尽、无所不在。空间是一种"存在形式",一种"物质"的客观存在形式。《数学词海》说,空间构成了事物的抽象概念,事物的抽象概念是参照于空间存在的。虽然,纯粹意义的空间并不是本书探讨的主要问题。但是,阅读本书时,必须意识到所谓抽象、纯粹、无界和永在的空间概念,为一切空间设计(或者艺术)提供了一个经验和理性的想象原点,是本书的"设计学"基础,也是"空间艺术"的审美基础。也许设计感知的深层结构,实际上就是参照于空间存在的一系列抽象的、具有普遍意义的形式规律,简称空间形式。

工具意义的汽车"内饰空间"是关于人的空间,其概念既属于空间的范畴,又属于设计的范畴。更加重要的是汽车内饰空间又称"移动空间",既指从A点到B点的几何意义上的移动;又指社会空间、信息空间中的"移动"。这意味着,一方面,内饰空间与建筑空间等"实体空间"一样,是可以直观感知的笛卡尔(Descartes)

几何空间，主张空间中都存在物质，不占有空间的物质是不存在的；另一方面，内饰空间与网络空间（Cyberspace）和信息空间（Infosphere）一样，又是完全脱离了可直观感知的"物质"存在的空间形式，简称"交互空间"。

在空间和内饰空间的概念范畴下，本书主张：①空间是物质的，不是虚空的；②宇宙是没有边界的，但可感知到的物质空间是有边界的，并且这个边界同样也是物质性的；③在物质空间之外存在着非物空间，而这种非物空间并不完全脱离物质空间，而是服从于物质空间，并具有表意的功能。空间的物质性、边界性和表意性是本书研究的观念基础。

《汽车内饰空间解析与设计》中，"空间解析"主要指汽车内饰的空间边界、空间元素以及空间意义的解析，简称空间构成研究；"空间设计"主要是基于空间解析提出设计方法和方法论。例如，提出空间尺度、空间张力和空间表意作为汽车内饰空间形态构成的三个要素，构建汽车内饰设计模式框架。研究本身也许是经验主义的，尽管研究者已经尽可能地采用了实证方法，其基本结论也没有超出数据和观察的可及范畴。

汽车正面临"百年未有之大变局"。从19世纪80年代，德国的卡尔·本茨等人设计出内燃机动力汽车，到今天美国的特斯拉、中国的搭载华为自动驾驶技术的极狐阿尔法S，智能电动汽车正在"风口"上。《汽车内饰空间解析与设计》的许多研究只是一个开头，希望读者给予指教，以便作者可以继续努力，做出更好的设计研究工作。

赵江洪
2021年6月21日
于长沙岳麓山

目 录 CONTENTS

001 第 1 章 绪论

1.1 研究背景及现状 …………………………………………002

1.1.1 汽车内饰造型：从设计师意识表达到
用户体验诉求 ………………………………………002

1.1.2 汽车内饰的空间及其认知研究 ………………………004

1.1.3 涉及的基本概念、术语和关键问题 …………………006

1.2 汽车内饰设计发展沿革 …………………………………007

1.2.1 汽车内饰设计的发展：车型进化与空间演变 ……008

1.2.2 汽车内饰设计的感观质量分析与测量 ……………010

1.2.3 汽车内饰设计的空间问题 ……………………………013

1.3 汽车内饰空间设计的研究意义和方法 ………014

1.3.1 理论意义和实践意义 ……………………………………014

1.3.2 研究方法 ……………………………………………………015

1.3.3 研究框架 ……………………………………………………017

本章参考文献 …………………………………………………………018

025 第2章 汽车内饰的空间模型与设计

2.1 概述 ··· 026

2.2 空间设计问题 ·· 027
 2.2.1 空间的构成 ··· 027
 2.2.2 中国古代空间观——四方宇宙与浑天说 ··············· 028
 2.2.3 西方空间观——形而上学、物理科学和
    主体向度 ··· 030

2.3 汽车内饰空间认知理论基础 ································· 032
 2.3.1 经典空间认知模型 ·· 032
 2.3.2 汽车内饰空间关系模型 ··································· 035
 2.3.3 汽车内饰 —— 一种载人的空间 ······················· 037

2.4 汽车内饰空间设计的模型框架 ······························ 039
 2.4.1 汽车内饰空间的设计要素 ································ 039
 2.4.2 汽车内饰空间设计的研究框架 ························· 040
 2.4.3 汽车内饰空间认知访谈调研 ···························· 042

本章参考文献 ·· 049

053 第3章 汽车内饰的空间特征与设计

3.1 概述 ··· 054

3.2 汽车内饰的空间特征与演变 ································· 055
 3.2.1 汽车内饰空间特征与演变的实地调研 ··············· 055
 3.2.2 汽车内饰的空间特征线与交界线 ······················ 058

3.3 汽车内饰的空间特征认知差异实验 ······················· 060
 3.3.1 实验设计 ··· 061
 3.3.2 实验流程 ··· 063

3.3.3 汽车内饰特征线与交界线识别认知的差异性
分析 ··· 064
3.3.4 汽车内饰空间特征的识别模型与造型风格 ········ 066

3.4 汽车内饰的空间特征设计 ··· 069
3.4.1 内饰空间特征属性 ·· 069
3.4.2 汽车内饰的空间设计驱动要素 ································· 070
3.4.3 汽车内饰空间特征推演模型 ······································ 072

本章参考文献 ··· 075

079 / 第4章 / 汽车内饰的空间布局与设计

4.1 概述 ··· 080

4.2 空间布局 ··· 081
4.2.1 空间布局问题的提出 ·· 081
4.2.2 空间布局与空间关系 ·· 082

4.3 汽车内饰的空间布局研究及感知实验 ··················· 083
4.3.1 汽车内饰空间布局的内涵 ·· 083
4.3.2 汽车内饰的功能布局 ·· 085
4.3.3 汽车内饰空间布局的感知实验 ································· 088

4.4 汽车内饰的空间句法分析 ··· 092
4.4.1 空间句法：一种空间构型的图解方法 ················· 092
4.4.2 汽车内饰的空间句法计算分析 ································· 096

本章参考文献 ··· 101

105 第5章 汽车内饰的空间形态与设计

5.1 概述 ·· 106

5.2 汽车外饰与内饰空间形态的关联性研究 ······· 107
    5.2.1 汽车外饰与内饰空间形态关联 ·············· 107
    5.2.2 汽车外饰与内饰空间造型认知差异实验 ······ 108

5.3 汽车内饰的空间形态要素 ······························ 113
    5.3.1 汽车内饰的空间尺度 ··························· 114
    5.3.2 汽车内饰的空间张力 ··························· 115
    5.3.3 汽车内饰的空间表意 ··························· 117

5.4 汽车内饰的空间设计主题与形态 ··················· 118
    5.4.1 设计主题 ·· 118
    5.4.2 主题与造型意象 ·································· 121
    5.4.3 新趋势下的移动空间形态 ····················· 123

本章参考文献 ·· 125

129 第6章 汽车内饰的空间模式与设计

6.1 概述 ·· 130

6.2 空间理论下的汽车内饰认知模式 ··················· 131
    6.2.1 空间理论下汽车内饰造型的认知属性 ····· 131
    6.2.2 内外饰布局与空间属性 ························ 132
    6.2.3 空间与汽车内饰造型的关联 ················· 134

6.3 空间理论下的汽车内饰设计方法 ··················· 134
    6.3.1 空间理论下汽车内饰元素的关系解释 ····· 134
    6.3.2 空间理论下汽车内饰造型的沟通模式 ····· 136
    6.3.3 汽车内饰的空间设计模式框架 ·············· 137

  6.4 汽车内饰空间至产品空间本源回溯 ············· 139
    6.4.1 工业设计领域中的产品空间 ················· 139
    6.4.2 产品空间的内涵与性质 ····················· 140

  本章参考文献 ··· 141

143 / 第 7 章 结论

  7.1 研究的主要成果 ································· 144

  7.2 研究的创新点 ··································· 147

151 / 附录

  附录 1 ·· 152

  附录 2 ·· 154

  附录 3 插图索引 ····································· 155

  附录 4 附表索引 ····································· 158

第 1 章

绪论

1.1 研究背景及现状

早期的人类虽然没有"设计"这个认知，但设计实践一直伴随和驱动着人类社会的发展，因而设计是一门古老而又年轻的学科[1]。然而对于设计的定义在学术界却莫衷一是，设计的对象到底是什么？设计到底是手段还是目的？设计是思想的表达途径还是问题的解决方法？这些思辨在不同的领域中，得到的答案不尽相同。在产品设计领域，这类思辨尤为明显，有学者认为设计一词在工业产品设计领域中包含了两重含义：工业美术设计（Industrial art design）和工程技术设计（Engineering design）。然而随着社会的发展，工程设计人员对于人文领域的关注、消费者的需求、美学特性与技术功能[2]、情感化设计、感性工学等新的理论与思潮逐渐应用到设计实践中，产品设计的内涵日趋复杂。因此仅从美学造型或者是功能实现的角度都不能完整地诠释设计的内涵，而产品与人的角色也从产品中心化逐渐转化为以人为中心化。但这并不意味着美学和功能这两种产品属性在设计活动中的重视度应该得到扬弃，因为产品的本质的确是可以由被感受到的"物"与能完成功能的"型"组成的。因此设计师的任务应当从单纯地以"物"和"型"来创造新的产品而转化为如何利"物"和"型"来满足人的需求。

1.1.1 汽车内饰造型：从设计师意识表达到用户体验诉求

汽车内饰（Car interior），在汽车工程学的定义上指的是各种汽车内饰部件以及构成它们的多种材料的总称，是汽车车身的重要组成部分。汽车的内饰与外饰是汽车产品中不可分割的两个层面。汽车设计的首要目的是完成驾驶功能，汽车产品从诞生之初，汽车内饰作为汽车驾驶功能完成以及驾控的重要场所，直接影响用户对于汽车产品的使用感受，在现代汽车工业的标准中，除了满足用户在使用汽车产品的驾驶功能过程外还需进一步满足诸如审美、自我价值实现、社会归属感等心理方面的要求，从这一层面上来说汽车内饰设计是汽车设计实践中最为重要的部分[3]。

汽车内饰设计是一个复杂的产品设计活动，广义上汽车内饰的设计主要涉及三个层面：工程设计，人机交互设计与造型设计。在汽车内饰工程设计的层面主要是研究汽车内饰的结构以及功能实现，属于工程设计范畴，李光耀[4]和周淑渊[5]从工程的角度对汽车内饰设计和制造作了全面的论述。本书的研究方向偏向于工业设计研究，对工程设计研究，本书中不做过多涉及。

在汽车设计中，汽车人机工程学与内饰设计关联紧密；尤瑟夫（Yusuff）及其合作者认为汽车人机工程学除确保汽车内饰部件满足汽车功能实现之外，还需为满足用户需求的设计提供解决方案和建议[6]。人的需求是汽车人机工程学的主要考量指标，汽车乘员的安全性、驾驶人操作的关节角度、操作者的姿势，甚至舒适性都是汽车设计人机工程学中重要的研究问题[7]。人在汽车内饰中的活动范围集中于座椅区域，科利奇（Kolich）和塔邦（Taboun）[8]以人机工程学的方法研究汽车座椅系统设计，开发并验证了一个逐步的、多元线性回归的模型，从座椅界面压力特性、乘客人体测量、乘客人口统计学以及对座椅外观的感知与一个整体的、主观的舒适度指数等方面，有效地提高汽车座椅的设计效率。布鲁克斯（Brooks）和帕森斯（Parsons）采用一种封装碳纤维（ECF）加热汽车座椅，实验考察受试者和对照组对加热型座椅的警觉性有无显著差异[9]。

虽然本书由于篇幅所限仅列举了以座椅布局为对象的汽车内饰人机工程研究，但是借由以上学者的研究来看，汽车内饰的人机交互设计，是以各个汽车内饰部件为设计客体，以提升人对各个部件的使用（心理）感受质量为目的，在此基础上进行的设计活动。造型设计是满足用户对于汽车产品审美需求的主要手段，在感官逻辑上，汽车外饰的审美比内饰审美更为容易感知。但是从产品使用的角度上来说，用户绝大部分的汽车产品体验阶段发生在汽车内饰中。林（Lin）及其同事认为，相对汽车外饰而言，汽车内饰则是作为一个汽车产品的审美主体而存在[10]。审美活动在设计活动中是不可或缺的一个部分，对工业产品的美学欣赏在消费领域中和美学心理学应用中具有重要意义[11]。基于人们对汽车内饰设计的不断探索，催生出了各种不同的设计思潮。在汽车的产品性以及功能性得到完善以后，汽车设计自斯隆（Sloan）起，汽车产品设计诉求由满足用户的功能诉求逐渐转向以满足用户美学诉求转移。在这一时期，汽车内饰设计还是依据设计师的个人审美与设计经验，从美学的角度为产品提供附加价值。就其本质上来说，汽车内饰设计就是"从功能优先转化为造型优先"，然而，用户在这一过程中只是被动地接受产品。随着社会的发展，特别是以人为本的设计思潮成为主流，长汀三生等人[12-14]将人对于产品的各种需求指标进行量化，并率先在马自达Miata汽车内饰设计上运用了后来被称为感性工学（Kansei engineering）的设计手段进行设计，大获成功。实际上这种设计方法，是将早期仅凭设计师直觉以及个人经验的汽车内饰设计方法进一步扩充为有目的性的针对用户多方位需求的设计方法，在具体设计实践上采用数据描述的方式对用户各个感官需求进行量化[15]。更进一步地，为了挖掘隐藏在用户需求中的一些深层次的因素，还有学者通过对汽车感知质量的研究，采用建立相应的数学模型来进行分析[16]。不可否认的是，这些设计变革的确是将汽车内饰设计的重点从设计师的个人意志表达转移到以用户实际需求为先。然而随着科技的发展、互联网的出现，特别是无人驾驶技术的出现，在汽车的驾驶功能层面，人对于汽车操纵因素开始减弱使用户对汽车内饰使用体验从驾驶功能转移到了其他层面，尤为明显的是用户对汽车内饰的体验从单纯的知觉满足转变到了情感满足[17, 18]，基于用户体验的汽车内饰设计是当前对汽车内饰研究的主要方向[19]。

关于用户体验，萨沙（Sascha）探讨了可感知的使用性（Perceived usability）和视觉美学（Visual aesthetics）对用户体验的影响，认为（产品）的使用性和视觉美学是可以被独立感知的[20]。这一研究提供了一个观点即用户体验包含使用体验和美学体验两个层面，且这两个层面是可以相对独立存在的。因此，可以认为在汽车内饰产品体验中，美学体验与产品使用体验也是两个相互独立存在的因素。

本书的研究重点是汽车内饰工业造型设计问题，在此背景下的用户体验研究主要是对汽车内饰的美学体验研究。汽车内饰的美学体验，本质上是用户对汽车内饰造型特征所呈现的美学表达以及造型风格的认知；汽车内饰造型研究问题的内涵则是对汽车内饰造型特征的认知以及造型设计方法的研究。

1.1.2　汽车内饰的空间及其认知研究

汽车与其他工业产品相异的特殊性表现在汽车是一个与社会性关联紧密的产品，尤里（Urry）[21]从"汽车系统"的本质概念出发，研究认为汽车出行已经成为"准私人"（Quasi-private）流动的主要全球形式。这种出行实际上指的是通过汽车这一产品，实现人与物的转移。这一思想决定了汽车产品能以空间的形式，为人们提供自由且不受限制的私人出行空间[22]。从以上观点中，可以看出，空间形态不但是实现汽车装载功能的表征，更是用户体验的基本范式；"空间性（Spatiality）"是汽车产品的重要属性。当代随着互联网、人工智能以及无人驾驶技术的发展，未来汽车的发展是一种互联智能的移动出行终端，是一种移动空间。移动空间（Mobility space），特指可移动性空间，是交通工具的存在方式。有两重含义：第一，是指一个实体物理空间的移动，是从A点到B点意义上的移动，涉及行走、操控、气动原理等技术层面的问题；第二，是指社会空间、信息空间之中的所谓移动空间，特指个体的特属空间（汽车内饰）与所处的社会环境、人文环境和信息环境之间的交互关系。综上所述，从汽车在社会中所扮演的角色以及存在形式的沿革来看，汽车是一个具有空间形态表征的产品。形态（Form）是设计至高目标（Ultimate object）[23]；科鲁兹鲍尔（Kreuzbauer）与马特尔（Malter）[24]从具身认知（Embody cognition）的角度通过对摩托车部件的研究，指出单一部件的造型可以影响用户对于整车造型的认知进而影响对品牌的认知。这一研究的贡献在于明确了形态认知不单纯是一个审美问题，而是对于品牌的认知途径，成熟的品牌对于设计意图、用户解释以及造型风格有着极高的话语权与认知结构[25]。形态是设计意图与认知方式之间沟通的桥梁；因此，明确汽车内饰空间形态的认知问题是进行汽车内饰空间设计问题研究的先决条件。

回溯到认知这一问题上，认知心理学是研究人的高级心理过程[26]。现代"认知心理学之父"乌里克·奈瑟尔（Uric Neisser）认为，认知是指感觉和使用的全部过程。认知通常被简单定义为对知识的获得，如果没有认知过程，一切科学创造活动都是不可能完成的。因此，科学创造主体认知心理过程的和谐在科学创造活动中具有特别的重要性。赵艳芳[27]认为认知是心理活动的一部分，是与感情、动机、意志等心理活动相对应的理智思维过程，是大脑对客观世界及其关系进行信息处理从而认识世界的过程。从空间的角度看，宏观上，汽车内饰认知是对由各种部件所构成的汽车内饰空间的认知，是一种空间性认知（Spatial cognition）。帕扎利亚（Pazzaglia）及其同事[28]提出了空间的认知风格（Spatial Cognitive Style），实验评估了空间表征认知方式的个体差异，结果表明，空间视角和个体在空间表征上的差异相互作用，影响参试者对空间环境特征的认知能力。科泽夫尼科夫（Kozhevnikov）等人[29]研究发现，科学家和工程师擅长空间图像，喜欢空间策略。这种认知风格虽然代表的是不同人群、不同性别对于空间的认知[30]，但是涵盖了人对于空间整体特征以及形态的认知方式。据此，对于空间的认知对象可以归纳为空间特征、空间布局以及空间形态三种认知元素，本书对于汽车内饰的空间研究即基于这三个元素所开展的研究。

在微观上则是对汽车内饰部件的造型认知,是一种对于"型"的视觉感知,这种视觉感知并不是如同照相一样,被动反应事物的客观状态,而是一种基于某种信息需求的主动的感知行为。邹方镇[31]认为"意象"与视觉概念有关,是将概念外化到产品具体形态的过程,并且是产品设计范畴中"造型"的核心。在汽车造型设计领域,赵江洪等[32]认为基于知识的产品造型意象认知,其目的是满足使用者以审美所需的情感需求。而审美意象与风格紧密相关,是汽车造型中影响最大,也是最具变化的意象[33]。因此可以说,对于汽车内饰的认知研究实际上是为用户群体的认知提供基础。

1.1.3 涉及的基本概念、术语和关键问题

在本书中,"空间"的定义以笛卡尔(Descartes)的空间观为基准,即可以被感知的物理空间。"汽车内饰空间"则为本书的研究对象,这个汽车内饰是相对于汽车外饰而言的概念。为了明确本书研究的问题,在文中将涉及一些其他设计领域的知识,但是最终将基于这些知识的共通性,提出适用于本书中汽车内饰设计的方法和模型。"空间视角下的汽车内饰设计方法"是本书的研究目的,将经典的汽车内饰造型置于空间的角度下进行探讨。

本书涉及的一些关键性概念和术语定义如下。

汽车内饰(Car interior),是汽车车身的重要组成部分。汽车内饰主要包括以下子系统:仪表板系统、副仪表板系统、门内护板系统、顶棚系统、座椅系统、立柱护板系统、其余驾驶室内装件系统、驾驶室空气循环系统、行李箱内装件系统、发动机舱内装件系统、地毯、安全带、安全气囊、方向盘,以及车内照明、车内声学系统等。汽车内饰空间研究包括空间特征、空间布局和空间形态等关键问题。

空间模式(Space mode),在本书中意指哲学层面的空间观和空间认知模式,主要包含两个方面:哲学层面的空间观,依据中西方空间哲学所提出的物与非物的空间构架;依据经典空间认知理论所提出的汽车内饰空间构成。

空间设计(Space design),即以空间为存在方式的设计。其种类主要有建筑设计、室内设计、产品设计、工艺美术设计等,又通称造型设计。空间设计源于建筑设计(Architecture)。造型必然存在于一定空间中,造型是空间设计的途径,造型特征是空间设计的必备因素。因此,空间设计的本质是对造型存在方式的把握。

空间特征（Space character），主要是指汽车内饰的空间特征，取决于汽车内饰的组成元素。空间特征是空间构建的认知基础，是人们感知空间的实体性和对象性元素，定义了空间的感知属性。空间特征从属于空间，但又是空间的组织元素和功能元素。

空间布局（Space layout），主要指汽车内饰的空间布局。汽车内饰的空间布局存在平面布局和空间布局两种基本的分析模式：平面布局采用俯视图方向，主要反映乘员（座椅）的分布等；空间布局主要反映乘坐空间（如腿部空间）等，通常以Y0面为基准。空间布局既是一种工程设计的概念，又是一种工业设计的概念。空间布局是空间设计的基础。

空间形态（Spaceform），本书中主要是指汽车内饰的空间形态。首先，空间形态是关于"空间张力""空间尺度"（非尺寸）、"空间表意"等空间关系的和脱离了具象感知的造型表现的概念。其次，空间形态存在"有形空间"和"无形空间"之分。有形空间是指空间特征或造型实体所围合的有视觉边界的"有形"空间，有形空间取决于空间特征和空间布局；无形空间是指超出了有形空间并向外（空间外）辐射和关联的感知空间，无形空间的范围取决于人的行为和情境。

移动空间（Mobility space），特指可移动性空间，是交通工具的存在方式。有两重含义，第一，是指一个实体物理空间的移动，是从A点到B点意义上的移动，涉及行走、操控、气动原理等等技术层面的问题；第二，是指社会空间、信息空间之中的所谓移动空间，特指个体的特属空间（汽车内饰）与所处的社会环境、人文环境和信息环境之间的交互关系。

1.2 汽车内饰设计发展沿革

汽车内饰是汽车整体的一部分。然而，在汽车发展的"婴儿时代"，对汽车的要求首先是它能动起来，其主要功能是载物或载人，根本没有"内饰"一说。随着工业技术发展以及社会经济的益渐繁荣，汽车内饰设计才摆到了设计师们的工作流程中。

1.2.1　汽车内饰设计的发展：车型进化与空间演变

汽车作为一个让人类出行方式产生巨大变革的工具，从卡尔本茨（Karl Friedrich Benz）于1886年发明的第一台汽车迄今不过一百三十余年。而对汽车的功能需求，随着时代的变迁，已经呈现出多元化的态势，而汽车内、外饰的造型为了满足这些新的需求在不断的产生变化。

汽车作为一种交通工具，在人类的文明进步上有着不可替代的作用，在人类文明的早期，世界上各个文明古国都相继出现了车这个运载工具。随着社会发展，车不仅作为一个工具，而是变成了一个带有阶级性以及移动属性的产品。胡伟锋[34]以古车为研究对象，对我国商至秦的马车的进行调查研究。古代装有帷幕的车叫"轩"，古代车前面用来驾牲口的那根直木叫"辕"，"轩辕"合起来就是指古代的车，该作者在史论层面上明确了各种古车的形制与设计思想，在设计理论层面上明确了"物"与"人"之间的关系，提出"人为本，物满足人的各种需求而受人支配"。迄今，现代内饰设计越来越多地融入多方位的国际流行元素，并体现数字化、高科技的时代特征。科技与艺术是相辅相成的[35]，两者在实现设计所具有的外在高雅和内在唯美的终极目标的过程中都是不可或缺的；美是自然进化和技术发展的衍生物。设计和品位、时尚密不可分，品位并不是事物表现出来的外表，而是导致这种外表产生的内涵[36]。

汽车自20世纪末诞生以来，经马车型、箱型、甲壳虫型、鱼形、楔形汽车等原始车型，到如今梦幻般的各种形貌的运动型跑车；经过百余年的发展，汽车改变了我们的社会生活[37]；甚至影响人们的生活习惯和思维方式[38]。

早在1907年，由意大利王子希皮奥内·博尔盖塞（Scipione Borghese）驾驶，机匠托尔·格萨迪（Ettore Guizzardi）以及*Corriere della Sera*报社记者路吉·巴兹尼（Luigi Barzini）三人组团合作赢得了由巴黎日报*Le Matin*主办的北京到巴黎的竞赛。一辆汽车走了半个地球，在60天内，汽车在从未被见识过的地方行驶16000公里。不过由于受当时科学技术和社会经济水平所限，他们所驾驶的汽车装备非常简陋，只能满足驾驶的最低功能要求，更遑论汽车内饰设计的概念。

虽然汽车外饰造型并不是本书的讨论重点，但从设计空间的角度来说，汽车的外饰造型既是内饰的外延，也是汽车内饰空间的边界。在汽车出现早期，由于当时的工艺所限，汽车设计目标还是处于以满足驾驶功能和耐久为优先，因此汽车外形各异。通过都灵博物馆介绍，驾驶舱即驾驶空间所呈现的形态大致可以分为三类："开放型""半封闭型"以及"全封闭型"(图1-1)。在"二战"结束以后,随着汽车的安全性以及工艺水平的发展,汽车虽然形态各异,但是,驾驶舱几乎全部进入全封闭的形态。在科技驱动下,汽车的形态已经发生了改变,出现了一些"异型"的造型。实际上从汽车外饰造型的发展,可以发现汽车外饰造型的发展是一个"空间外形"的形制发展和构建过程,也从侧面证明了汽车内饰空间是一个带有"容器性"属性的空间。

开放型　　　　　　　　　半封闭型　　　　　　　　　全封闭型
卡罗迪贡特型,法国产　　勒格纳诺型,意大利产　　蓝旗亚阿普利亚型,意大利产
(1769 Carrooli Cugnot France)　(1908 Legnano Italy)　(1948 Lancia Aprilia UK)

图1-1　三种类型驾驶舱(图片来源:自摄)

汽车内饰系统是汽车车身的重要组成部分,且内饰系统设计工作量远远超过汽车外形。汽车内饰设计已不仅是汽车外观设计的后续工作,而是作为一项独立的设计项目来进行。消费者对包括驾驶系统在内的汽车内饰、半私密空间环境、人文环境、信息交换环境等方面提出了更高标准的要求,使汽车内饰设计成为汽车产业中一个非常重要的环节[39, 40],蕴藏着巨大的经济潜力和广阔的市场前景。

相对于外形而言,内饰造型设计所涉及的组成部分相对繁多。从近几年的发展趋势来看,内饰设计国际流行的趋势是越来越趋向于数字化和高科技,造型方面趋于简洁、工整,更加注重多种材质的应用、搭配、信息以及数字化程度。对汽车内饰行业的现状、汽车内饰件常用材料及其生产工艺、汽车内饰件设计原则和开发流程、汽车内饰件的设计与制造工艺已有专著[4, 5]做了论述;通过典型汽车内饰件设计实例描述了汽车内饰制品的成型工艺及工艺装备,以及相关的标准。20世纪90年代以来,世界汽车市场的竞争日益激烈,汽车内饰设计已不再停留在对单一零部件的设计开发,而是从整个内饰系统整合的角度考虑,并将数字化系统集成设计[41]的思想贯穿于整个设计过程。设计时整个系统按功能被分成几大独立的模块,每个模块上集成多个零件或总成,各个模块之间的联接设计简易可行,装配方便。这样使产品的设计开发和生产制造成本都大幅下降，并有利于提高汽车零部件的质量和自动化水平，提高汽车的装配质量，缩短汽车的设计开发和生产周期。可以发现，随着科技的发展，尤其无人驾驶汽车的出现，各大车厂已经逐渐从空间的角度来思考汽车内饰的前瞻性设计。

1.2.2 汽车内饰设计的感观质量分析与测量

1. 汽车内饰主要元素分析

社会的进步伴随人们生活水平的不断提高，这也使人们在追求赏心悦目的车身外形的同时，对汽车内饰造型也提出更高的要求。汽车内饰设计是满足人们消费心理需求、消费者高生活质量的一种体现、是驾驶人品味的重要载体和象征。可以说，汽车内饰设计是否成功已成为衡量一辆汽车的设计成功与否的关键因素。通常，汽车内饰主要包括座椅、方向盘、排挡手柄、遮阳板、仪表板、副仪表板、空调系统中的出风口和控制面板、电子系统的显示面板和控制按钮、门把手、顶棚以及与其相关的功能件和装饰件等。成功的汽车内饰设计必须满足功能性、舒适性、经济性，并且符合大众普遍认同的审美观。因此，汽车内饰的设计要求工程师从造型、功能、材质、色彩以及必要的装饰件等主要元素考虑，使汽车内饰既能符合使用功能的需要，又能使内饰风格整体协调，充分满足消费者的需要。从表观来说，汽车内饰设计还包括以下三个方面。

（1）色彩

汽车内饰的整体色调由不同的色彩组合而成，给人以第一视觉印象。汽车内饰的色彩运用遵从色彩设计学中的配色平衡原理，有其特定的原则和规律。现代汽车内饰设计多运用相近色系中的不同色彩，通过合理搭配营造汽车内饰丰富的层次感、和谐统一的空间氛围。

（2）材质

通过对材料进行加工处理，可以体现出汽车内饰的整体品质和材质本身所具有的特性，如材质的纹理、光泽、粗糙度和软硬度等效果和表面质感，带给人以不同的视觉和触觉感受，如轻重感、软硬感、明暗感、冷暖感等。随着汽车制造技术的不断提高和材料工业的持续发展，除传统的玻璃和天然的木、竹、麻等材料外，大量新材料，如金属合金、和高分子复合材料运用到汽车内饰产品中。通过高科技的工艺处理和合理的搭配组合，材料呈现出的疏松与密集、光滑与粗糙、柔软与坚硬、随意与工整等特质，使人们在视觉和触觉上体验到汽车内饰特有的和谐美。

规整的表皮纹理和面料上的几何图案都传递、表达出不同的效果，可以使汽车内饰体现自然、传统和现代时尚的韵味。

（3）装饰件

装饰件往往不具有实用功能，但精美的汽车内饰装饰件可以成为汽车身价和品牌的标志，也是文化和艺术的体现。内饰装饰件的种类繁多，大多数装饰件是在注射成型后通过电镀、喷涂等工艺制备而成，体现了自然与科技的和谐相融，给驾乘人以愉悦感和美感。

2. 汽车内饰感观质量分析与测量

成功的现代工业产品不再是仅仅取决于技术的优势，它们与个人主观因素，如感官质量有关[42]。汽车的感知品质是前期研发过程的重要因素，是汽车内饰设计评价的重要标准[43]。赵丹华和顾方舟[44]认为汽车内饰品质感是材质、色彩和表面处理、人机交互等多种设计要素有"品味"的"知觉"，并提出部件特征、功能体量和内饰氛围是设计品质的三个感知品质评价要素。针对汽车内饰感官质量的测量，众多学者从不同的角度对汽车内饰感观质量分析与测量进行了研究。鲁多夫（Rudolf）[45]和瓦斯加尔（Västfjäll）研究小组[46]分别通过实验考察了汽车内外饰音响对汽车用户的听觉影响。王淼从逸性和工业设计心理学出发，对汽车内饰设计产品和使用人群进行定位，对东风乘用车公司D级轿车设计产品进行了市场调查。分别对"性别对组合仪表台线条、轮廓的影响""性别对按键造型的影响""性别对颜色的影响""性别对装饰材料选择的影响""性别对功能性因素的影响""年龄对布局设计的影响"等方面进行问卷调查，得到了第一手资料[47]。奇多什（Chitoshi）等采用设计元素和度量方法构建汽车诊断系统对汽车舒适度，特别是"宽敞"和"压抑感"的评估[48]。陈（Chang）和云（Yun）报道通过研究声波的变化与感知之间的关系研究人们对汽车前门开关车门声音的感受，并依多元回归方法构建感性印象（Kansei image）方程式[49]。罗仕鉴针对出租车驾驶员的舒适度问题进行系统研究，引入意象尺度、口语分析等主观评价方法，对影响驾驶员舒适度的因子进行了分析[50]。友（You）等人[51]基于文献调查、网上客户评论和专家意见，定义8~15个设计变量，对包括防撞垫、方向盘、变速器换挡旋钮、音响面板、金属颗粒镶嵌和木颗粒镶嵌等汽车内饰部件的满意度进行研究。通过定量分析，建立了技术性、实用性和满意度模型，该论文作者认为满意度模型是用于识别相对重要的设计变量和内部零件的首选设计特征。2014年，云（Yun）等人则选择布垫、驾驶盘、木质纹理和金属纹理四个因素，通过复杂的触摸感表征汽车内饰材料的表面质量，发现内饰材料的触摸感质量与消费者对产品质量总体接受程度具有极大关联[52]。吉布森（Gibson）等人[53]研究了用户对汽车仪表盘设计的评价，以确定未来汽车仪表盘对消费者的重要性，依据用户对仪表板设计方面的关注度，在未来会带来更好的仪表板设计。

用户在使用产品时，通常从自己的直觉出发，体验设计师赋予产品的风格和品质，体验涉及的因素包含从感性因素到理性因素的复杂内容，一个好的设计通过提高与产品相关的使用体验的质量来吸引消费者，与他们沟通，并增加产品的价值[54]。汽车是满足社会运输需求的重要部分的媒体，通过强调人与机器接口的关键方面来代表技术发展的标志[55]。对汽车内饰空间设计的认知是完美设计的重要一环。设计师和用户任何个体总会通过获得一个"类别"的认知方式来节约有限的认知资源，通过类别来归纳处理多样的个体[56]。设计人员若能体验、掌握用户的心理以及消费者的感觉和需要，就能成功地设计出好产品[57]。现在为人们所熟悉的感性工学最早在汽车行业得到应用，特别在汽车内饰造型中应用非常广泛。已有文献[58-65]从情感设计的角度论述汽车的内饰设计。情感设计涵盖了以人为本的理念，以人为本就是以人性的需求为衡量一切外部事物的基本标准，即注重人性、人格和能力的完善与全面发展。云焕明及其同事[66]通过对汽车内饰外覆材料的触觉进行内饰设计情感评价，发现内饰材料的触感质量是客户对整体产品质量认知的关键因素，而视觉品质和触觉品质都会影响顾客对材料品质的感知。卡尔森（Karlsson）等人[67]从愉悦性、复杂性、统一性、效力、社会地位、封闭性、情感和独创性出发，研究测量汽车内饰印象，指出以人为本的设计理念在工业设计中发挥着决定性的作用。尽管不同学者对情感设计的关注点各有不同，提出了种种模型和理论[68-70]，然而，产品意味着能够传达或唤起用户的情感[71]，能够满足用户的消费需求，从而被消费[72, 73]。

随着汽车成为主要的交通方式，形成了有关适应男女使用汽车的社会习俗[74]。性别的差异导致对汽车内饰造型有其不同的追求。伴随社会的进步，女性汽车用户购买力一路上扬，根据女性用户的使用习惯、情感诉求及购车偏好，乔丽华等基于细分市场的设计思路，通过分析汽车消费市场现状，提出了以女性审美为导向的汽车内饰设计方案[75]。

在传统的汽车内饰造型中，设计师们往往在前人的基础上进行改进或部分功能件的创新。设计是包含很多不同学科、不同专业的综合性学科，需要在用户感观及认知的角度下进行研究，这也是解决内饰设计问题的重要途径。

1.2.3 汽车内饰设计的空间问题

"空间设计"最早在建筑领域得到体现，为满足人们与他人交流以及与社会联系的感情和心理需求，现代建筑运动在建筑空间的观念和形式带来巨大解放，空间设计是集建筑、室内光线、空间色彩和景观设计为一体的多学科领域[76]。

而对于家用电器这样的"人造物"设计，从用户的角度表征设计空间，充分考虑用户的感知和评价是非常有价值的[77]。空间环境是人类社会文明活动的重要场所。孙建雍[78]对环境空间设计进行研究，通过理论和实践两个层面，追求传统美学思想与现代时尚审美趣味有机交融、东方文明和西方文化的完美结合，力图使环境空间设计作品的观赏性和实用性的高度统一。民族个性与时代精神、艺术内涵与人文关怀的融会贯通；通过对空间设计和力求独创的元素、符号、风格的个性化表达，可以实现文化、审美、实用和现代感觉兼具的多重满足。在设计问题空间中，保持问题空间概念可以得到一种典型的前沿设计的不确定性过程的处理方法[79, 80]。岛村等人[81]通过在扩展空间中的设计控制器，提出了一种新的控制设计框架。

心理学家将日常空间（Everyday space）表征为小的空间或者是大的空间[82]。艾提尔森（Ittelson）指出，一个小型空间意味着人们从一个有利地点可以看到这个空间的所有位置，这样的典型例子就是一个桌面空间或者房间大小的空间[83]。林奇（Lynch）也认为空间点（Spatial nods）就是能被快速扫描的空间[84]。依上述作者的观点，汽车内饰所围之空间也可认为是一小型空间，将汽车内饰空间作为一个整体来考虑。充分考虑内饰各功能件的空间布局，对各按键、功能件和非功能件，甚至包括座椅之间的相互位置、大小进行科学的策划，将极大地提升汽车内饰空间造型质量。

希列尔（B. Hillier）[85]和段进[86]引入空间概念，采用空间句法来研究建筑和城市规划。巴夫纳（Bafna）[87]对空间句法的基本前提做了介绍，并定义了一些关键术语为空间句法研究中常用的分析技术和相关术语背景进行分析，对空间句法研究与空间认知问题的相关问题进行讨论。借助空间句法可以比较圆满地解决城市设计、规划[88, 89]、环境园林布局、设计[90]的可达性问题。

空间概念产生和对其进行深入研究对汽车行业将产生深远影响。随着计算机、网络技术迅猛发展，传统的汽车行业也同样受到互联网企业冲击。在"互联网+"的第三次互联网革命中，未来汽车，作为终极移动空间，将成为现代汽车行业革新动态[91]。作为汽车的主要部分——汽车内饰空间理所当然是组成"汽车移动空间"的重要部分。相对于房屋建筑来说，汽车的内饰也可考虑为一个空间，只不过汽车的内饰是一个相对狭小的空间。汽车内饰空间不仅将几乎所有的功能件、附加功能件包含在内，而且可通过功能部件的点、线、面的设计显示其内饰造型的特征和风格。迄今，汽车内饰感官质量主要是以造型风格、CMF以及人机工程等角度进行研究的，而以空间角度来进行的研究却鲜有提及；从空间的角度讨论汽车内饰设计，无疑具有理论和实际意义。杨（Yang）等[92]人讨论了错觉设计手法对汽车内饰空间的影响，虽然该作者提出汽车内饰空间说法，但从论文通篇描述来看，只是从内饰的局部空间看问题，并未将其升华到将汽车内饰作为一个整体空间来看的高度。

1.3 汽车内饰空间设计的研究意义和方法

1.3.1 理论意义和实践意义

设计是沟通人与人造物的途径，人造物的造型是信息沟通的载体，在人造物的设计过程中采取合适的设计流程和方法是保证设计成功的前提。以设计师与用户对人造物形态的认知为基础，借此进一步地研究相对应的设计流程以及设计方法，在设计研究中具有学术价值和实际意义。

有关汽车内饰设计研究已有众多文献发表，大多是从汽车原理、设计、构造等方面进行介绍和讨论。有关汽车内饰设计的发展，摩德纳法拉利博物馆、都灵汽车博物馆、都灵乔治亚罗设计公司等提供了史料丰富的有关汽车设计制造历史源革的资讯，为撰写本书提供了国外品牌案例研究背景。汽车的空间属性决定了汽车内饰的造型呈现出一个空间的形态；而涉及内饰形态设计方面，则主要针对汽车内饰中部件的层面进行研究。因此，从空间的角度对汽车内饰设计进行研究，无论从认知逻辑上还是理论创新上都十分有意义。

汽车内饰空间设计问题是汽车设计领域的研究重点，通过对汽车内饰空间构成分析，明确汽车内饰空间的认知要素以及层级；基于设计师与用户对汽车内饰空间构成的各个层级中造型信息的认知研究，提出了完整的汽车内饰空间设计方法，无论在理论还是实践层面上都具有重要意义。

研究内容具体包括以下五个方面。

①汽车内饰空间认知理论：采用问卷访谈的方法，对汽车内饰空间形态认知从设计师和用户的角度进行明确。通过文献调研分析，提出适用本书研究背景的空间构成，在此基础上结合汽车内饰空间形态提出汽车内饰空间形态的构成及其认知方式。

②汽车内饰空间特征研究：空间特征是汽车内饰空间的组成单位，也是对于空间认知的基础途径。空间造型的特征亦是汽车内饰空间造型的基础主要单位。

③汽车内饰空间布局研究：内饰空间布局是空间组成元素按照一定规则在汽车内饰中的排布，在本书中主要是以座椅作为研究对象，采用空间句法分析来研究不同座椅排布对于人对汽车内饰空间的感受，为今后空间布局的研究提供一个探索性的基础。

④汽车内饰空间形态研究：是空间整体呈现的形态，与汽车外饰造型有关，通过设置实验来研究用户与设计师对汽车内外饰之间的认知差异，提出了汽车内外饰的一致性需求，为内外饰造型关联提供理论依据。

⑤汽车内饰空间设计方法：从形态的角度上来看，汽车内饰设计实际上是一个产品空间形态的设计，空间模式下的汽车内饰设计流程是汽车内饰空间设计方法的实践途径。

1.3.2 研究方法

根据汽车内饰造型设计领域现状和研究背景的研究，汽车内饰空间造型是本书研究主题。在不同领域之间对于空间的描述和定义是截然不同的，空间问题经历过从哲学问题到科学应用的问题层面。本书首先阐明空间从哲学思辨到科学应用层面的转换过程，在本书的研究背景下对空间进行定义。明确本书背景下的空间构成与汽车内饰空间构成之间的关系、内饰空间造型元素、厘清各个元素之间的关系；根据内饰空间造型元素之间关系，在方法层面上构建一个满足空间要求的、可操作性强的、专门用于解决汽车内饰设计问题的方法和流程。

汽车是一个复杂程度高的产品，具有自然科学和人文社科双重属性，而汽车内饰作为汽车产品的重要组成部分，采用自然科学和社会科学相结合的研究方法对汽车内饰设计研究可以得出更为可靠的结果。在自然科学领域，主要偏重理论分析并利用数理工具对实验数据进行处理；而人文社科则主要采用调查分析等手段对问题进行探究。

本书采用的研究方法主要由"调研法""案例分析法"以及"数理统计法"。在现代社会，数据已经渗透到当今每一个行业和业务职能领域，数据分析在物理学、生物学、环境生态学等领域以及军事、金融、通信等行业已有非常广泛的应用。理论上说，在样本数足够大的基础上进行的数据分析是获得准确统计结果的保证，然而，在实际的实验研究中，样本数较少，所获数据是有限的。最好的解决办法是针对研究问题的实质和特点，建立小样本多元数据分析和方法模型[93]。对于有限实验数据的汽车内饰研究来说，通过实验采用小数据的统计分析对演绎推理的结论进行检验[94]是非常必要、合理的。

本书作者通过文献调研，了解和掌握了汽车内饰造型设计的现状，特别是对汽车内饰空间布局、造型设计的理念、方法、存在的缺陷及其今后的发展趋势进行分析，确定采用以下三种方法对汽车内饰造型进行研究。

1. 文献调研、分析和综合

本书采用"分析"和"综合"手段[95]，首先对汽车内饰空间造型的现状以及与之相关的交叉学科，如空间理论方面知识进行文献调研，从而综合分析，寻找解决问题的突破口。对空间问题的内涵及范畴、世界的物质空间的认知、不同维度的空间问题的认知及其认知模型进行研究归纳，为汽车内饰造型空间提供认知模型基础，构建相应的产品认知体系，进而明确空间背景下汽车内饰造型设计问题、汽车内饰造型元素的认知方法，进一步基于这一认知体系下构建汽车内饰造型设计的方法。

2. 问卷调查、实验与理论计算相结合进行研究

采用问卷和采访的方式，在随机选取的不同职业人群中，对不同风格的汽车内饰空间特征和特征线进行识别，并对汽车内外饰空间造型的一致性进行研究。为了提高实验数据处理的合理性和说服力，本书采用了数理统计的分析方法，即通过数理统计

的方法对问卷调查实验的结果进行分析。实验与理论计算相结合，引用空间句法研究中的计算方法，针对数种汽车内饰空间不同起点的拓扑深度，探讨不同汽车内饰空间私密性、流通性等特性。

3. 案例分析方法

以笔者参与的学术研究小组的研究课题、设计项目的产品设计实例为基础，通过案例调研、讨论，结合对实验数据的数理统计的分析方法，保证本书素材和论据的合理性，为理论分析提供必要的有效数据基础。

1.3.3 研究框架

研究框架大体分为以下四个部分。

①研究的理论基础：通过文献调研、综合和理论分析，为论文研究提供相关背景知识、理论基础和研究方法。

②从空间概念、空间元素、空间对象的空间观出发，明确空间问题在本书的内涵及范畴，以"空间尺度"和"空间类型"为基础，提出以空间特征、空间布局与空间形态为研究对象的空间设计研究模型，为汽车内饰的空间研究提供认知模式基础。

③用三章的篇幅分别对汽车内饰空间特征、空间布局、空间形态进行深入讨论，解析汽车内饰空间的造型问题。对承载汽车内饰美学传递的重要载体——汽车内饰造型特征进行研究，探究不同职业背景的人群对汽车内饰造型特征和特征线的认知差异；研究汽车内饰空间的布局，特别是汽车内饰座椅布局对人与内饰空间关系的影响进行研究；探索汽车内饰空间形态、特征与外型造型之间关系，通过问卷调查研究不同职业背景的人群对不同品牌但同一风格类型的汽车内外饰造型的认知差异。对汽车内饰空间造型的感知特征与认知模式进行讨论，提出汽车内饰空间设计模型。

④在上述研究的基础上，结合空间相关概念对汽车内饰造型流程进行梳理，揭示空间角度下汽车内饰造型方法的若干问题，构建基于空间的汽车内饰造型设计方法框架。明确汽车内饰设计中的情境与造型设计的关系，提出空间角度下的汽车内饰设计方法。

本章参考文献

[1] 何人可. 工业设计史[M]. 北京：高等教育出版社, 2004：6-9.

[2] PETIO F, GROGNET S. Product design: a vectors field-based approach for preference modelling [J]. Journal of engineering design, 2006, 17(3): 217-233.

[3] HAMZA K, HOSSOY I, REYES J F, et al. Combined maximization of interior comfort andfrontal crashworthiness in preliminary vehicle design [J]. Int. J. Vehicle Design, 2004, 35(3): 167-185.

[4] 李光耀. 汽车内饰件设计与制造工艺[M]. 北京：机械工业出版社, 2009.

[5] 周淑渊. 汽车内饰设计概论[M]. 2版. 北京：人民交通出版社, 2012.

[6] MOHAMED Z, YUSUFF R M. Automotive ergonomics: passenger cars interior dimension parameters and comfort [C]. Proceedings of ICE 2007 International Conference On Ergonomics, Universiti Malaya, Kuala Lumpur, Malaysia, 2007: 1-4.

[7] COLOMBO G, CUGINI U. Virtual humans and prototypes to evaluate ergonomics and safety [J]. Journal of Engineering Design, 2005, 16(2): 195-203.

[8] KOLICH M, TABOUN S M. Ergonomics modelling and evaluation of automobile seat comfort [J]. Ergonomics, 2004, 47(8): 841-863.

[9] BROOKS J E, PARSONS K C. An ergonomics investigation into human thermal comfort using an automobile seat heated with encapsulated carbonized fabric (ECF) [J]. Ergonomics, 1999, 42(5): 661-673.

[10] LIN Y, ZHANG W J. Integrated design of function, usability, and aesthetics for automobile interiors: State of the art, challenges, and solutions [J]. Proceedings of the Institution of Mechanical Engineers, Part I: Journal of Systems and Control Engineering, 2006, 220(8): 697-708.

[11] LIU Y. Engineering aesthetics and aesthetic ergonomics: theoretical foundations and a dual process research methodology [J]. Ergonomics, 2003, 4(13/14): 1273-1292.

[12] NAGAMACHI M. Kansei engineering as a powerful consumer-oriented technology for product development [J]. Applied Ergonomics, 2002, 33(3): 289–294.

[13] NAGAMACHI M. Kansei Engineering: A new ergonomic consumer-oriented technology for product development [J]. International Journal

of Industrial Ergonomics, 1995, 15(1): 3-11.

[14] NAGAMACHI M. Kansei Engineering [M]. Kaibundo, Tokyo: Japan, 1989.

[15] JINDO T, HIRASAGO K. Application studies to car interior of Kansei Engineering [J]. International Journal of Industrial Ergonomics, 1997, 19(2): 105-114.

[16] 胡雪芬. 汽车感知质量及数学模型解析[J]. 汽车工程师, 2013(4): 44.

[17] GKOUSKOS M, NORMARK C J, SUS L. What Drivers Really Want: Investigating Dimensions in Automobile User Needs [J]. International Journal of Design, 2014, 8(1): 59-71.

[18] 尹彦青, 赵丹华, 谭征宇. 汽车内饰品质感的感知模态研究[J]. 包装工程, 2016, 37(20): 35-40.

[19] 赵婧, 尹欢. 体验设计在汽车内饰设计中的发展及展望[J]. 包装工程, 2014, 35(6): 77-81.

[20] SASCHA M. Visual aesthetics and the user experience [C]. Position Paper for the workshop "The Study of Visual Aesthetics in Human-Computer Interaction" at Schloss Dagstuhl (Germany), 2008: 1-6.

[21] URRY J. The "System" of automobility [J]. Theory, Culture & Society, 2004, 21(4-5): 25-39.

[22] MERRIMAN P. Mobility space and culture [M]. London: Routledge, 2012: 66.

[23] ALEXSANDER C. Notes on the synthesis of form [M]. Cambridge: Havard University Press, 1971: 15.

[24] KREUZBAUER R, MALTER A J. Embodied cognition and new product design: changing product form to influence brand categorization [J]. Journal of Product Innovation Management, 2005, 22: 165-176.

[25] 赵丹华. 汽车造型的设计意图和认知解释[D]. 长沙: 湖南大学, 2013: 120.

[26] ANDERSON J R. Cognitive psychology and its implications[M]. 2nd ed. San Francisco: W. H. Freeman, 1985.

[27] 赵艳芳. 认知的发展与隐喻[J]. 外语与外语教学, 1998(10): 8-10.

[28] PAZZAGLIA F, TAYLOR H A. Perspective, instruction, and cognitive style in spatial representation of a virtual environment [J]. Spatial Cognition & Computation, 2007, 7(4): 349-364.

[29] KOZHEVNIKOV M, KOSSLYN S, SHEPHARD J. Spatial versus object visualizers: A new characterization of visual cognitive style [J]. Memory & Cognition, 2005, 33(4): 710-726.

[30] NORI R, MERCURI N, GIUSBERTI F, et al. Influences of gender role socialization and anxiety on spatial cognitive style [J]. The American Journal of Psychology, 2009, 122(4): 497-505.

[31] 邹方镇，朱毅. 立象以尽意　论现代汽车造型的意象塑造与加工[J]. 装饰, 2010(12): 88-89.

[32] 赵江洪，谭浩，谭征宇. 汽车造型设计理论、研究与应用[M]. 北京：北京理工大学出版社, 2010: 63.

[33] 王巍，赵江洪. 基于情境的汽车造型语义分析[J]. 装饰, 2007(2): 107-108.

[34] 胡伟峰. 引重致远，载道明礼　商至秦独辀马车设计思想研究[D]. 长沙：湖南大学, 2009.

[35] WIJNBERG N M. Selection processes and appropriability in art, science and technology [J]. Journal of Cultural Economics, 1995, 19(3): 221-235.

[36] VELASCO C, WOODS A T, PETIT O, et al. Crossmodal correspondences between taste and shape, and their implications for product packaging: A review [J]. Food Quality and Preference, 2016, 52: 17-26.

[37] ERIKSSON L, GARVILL J, NORDLUND A M. Interrupting habitual car use: The importance of car habit strength and moral motivation for personal car use reduction [J]. Transportation Research Part F: Traffic Psychology and Behaviour [J]. 2008, 11(1): 10-23.

[38] 罗仕鉴，潘云鹤，产品设计中的感性意象理论、技术与应用研究进展[J]. 机械工程学报, 2007, 43(3): 8-13.

[39] JUNG M, CHO H, ROH T, et al. Integrated framework for vehicle interior design using digital human model [J]. Journal of Computer Science and Technology, 2009, 24: 1149-1161.

[40] HETTERICH J, BONNEMELER S, PRITZKE M, et al. Ecological sustainability – a customer requirement? Evidence from the automotive industry [J]. Journal of Environmental Planning and Management, 2012, 55(9): 1111-1133.

[41] 赵伟，明守政，金静强. 型面数字化设计对于提升汽车内饰感知品质的研究[J]. 包装工程, 2016, 37(24): 96-101.

[42] ZHANG L J, SHEN W Q. Sensory evaluation of commercial truck Interiors [J]. SAE Technical Papers Series, 1999.

[43] 曾宪义，赵丹华，赵江洪. 基于认知差异的汽车造型效果图评价方法研究[J]. 包装工程, 2017(6): 177-181.

[44] 赵丹华，顾方舟. 中国重汽卡车设计的内饰感知评价与设计品质提升[J].

包装工程, 2017, 38(24): 37-42.

[45] RUDOLF B. Car interior sound quality: experimental analysis by synthesis [J]. Acta Acustica united with Acustica, 1997, 83(5): 813-818.

[46] VÄSTFJÄLL D, GULBOL M A, KLEINER M, et al. Affective evaluations of and reactions to exterior and interior vehicle auditory quality [J]. Journal of Sound and Vibration, 2002, 255(3): 501-518.

[47] 王淼, 基于工业设计心理学的汽车内饰设计和逸性研究 [D]. 西安: 西安建筑科技大学, 2009: 25-57.

[48] TANOUE C, ISHIZAKA K, NAGAMACHI M. Kansei engineering: a study on perception of vehicle interior image [J]. International Journal of Industrial Ergonomics, 1997, 19(2): 115-128.

[49] CHANG Y M, YUN H S. The kansei image research on the door closing sound of passenger's car [C]. Multimedia Technology (ICMT) 2011 International Conference on (Hangzhou), 859-862.

[50] 罗仕鉴. 基于生物学反应的驾驶舒适度研究 [D]. 杭州: 浙江大学, 2005: 15-86.

[51] YOU H, RYU T, OH K, YUN M H, et al. Developemnt of customer satisfaction models for automotive interior materials [J]. International Journal of Industrial Ergonomics, 2006, 36: 323–330.

[52] YUN M H, YOU H, GEUM W, et al. Affective evaluation of vehicle interior craftsmanship: systematic checklists for touch/feel quality of surface-covering material [C]. Procedings of the human factors and ergonomics society 48th annual meeting, 2014: 971-975.

[53] GIBSON Z, BUTTERFIELD J, MARZANO A. User-centered design criteria in next generation vehicle consoles [J]. Procedia CIRP, 2016 (55): 260-265.

[54] BLOCH P H. Seeking the ideal form: product design and consumer response [J]. Journal of Marketing, 1995, 59(3): 16-29.

[55] OHSHIMA T, KUROKI T, YAMAMOTO H, et al. A mixed reality system with visual and tangible interaction capability: application to evaluating automobile interior design [C]. The Second IEEE and ACM International Symposium on Mixed and Augmented Reality, 2003.

[56] 李然. 汽车造型的原型范畴及拟合模型构建 [D]. 长沙: 湖南大学, 2015: 44-57.

[57] JONATHAN C, CRAING M C. Creating breakthrough product innovation from products planning to program approval [M]. New

Jersey: prentice hall, 2002.

[58] DESMET P, OVERBEEKE K, TAX S. Designing products with added emotional value: development and apprication of an approach for research through design [J]. The Design Journal, 2001, 4(1): 32-47.

[59] 沙强, 周美霞. 女性体验视角下的汽车内饰设计[J]. 艺术与设计：理论, 2016(12): 123-124.

[60] DESMET P M A, PORCELIJN R, VAN M. B. Emotional design: application of a research-based design approach [J]. Knowledge, Technology & Policy, 2007(20): 141–155.

[61] 叶夏. 浅谈小型车的情感化设计[J]. 艺术与设计：理论版, 2011(5): 218-220.

[62] HELANDER M G, KHALID H M, LIM T Y, et al. Emotional needs of car buyers and emotional intent of car designers [J]. Theoretical Issues in Ergonomics Science, 2013, 14(5): 455-474..

[63] 曹骏陶. 乘用车内饰情感化设计方法研究[D]. 镇江：江苏大学, 2013.

[64] 顾勉. 基于女性用户体验的汽车内饰设计研究[D]. 南京：南京理工大学, 2013.

[65] SHELLER M. Automotive emotions: Feeling the car [J]. Theory, culture & society, 2004, 21(4/5): 221-242.

[66] YUN M H, YOU H, GEUM W, et al. Affective evaluation of vehicle interior craftsmanship: systematic checklists for touch/feel quality of surface-covering material [C]. Procedings of the human factors and ergonomics society 48th annual meeting – 2014, 971-975.

[67] KARLSSON B S, ARONSSON N, SVENSSON K A. Using semantic environment description as a tool to evaluate car interiors [J]. Ergonomics, 2003, 46(13-14): 1408 -1422.

[68] HO A G, SIU K W M. Emotionalise design, emotional design, emotion design: a new perspective to understand their relationships [C]. Seoul: International Association of Societies of Design Research: Design, Rigor & Relevance, 2009: 2717-2726.

[69] KHALID H M, OPPERUD A, RADHA J K, et al. Helande. Elicitation and analysis of affective needs in vehicle design [J]. Theoretical Issues in Ergonomics Science, 2012, 13: 318-334.

[70] KIM J K, PARK M Y, PARK C S. Psychophysiological Responses Reflecting Driver's Emotional Reaction to Interior Noise during Sumulated Driving [J]. Proceedings of the Human Factors and Ergonomics Socie 2000, 44(19): 196-199.

[71] DEMIRBILEK O, SENER B. Product design, semantics and emotional response[J]. Ergonomics, 2003, 46(13/14): 1346-1360.

[72] LOUVIERE J J, HENSHER D A. Using discrete choice models with experimental design data to forecast consumer demand for a unique cultural event [J]. Journal of Consumer research, 1983, 10(3): 348–361.

[73] 刘胧, 汤佳懿, 高静. 基于感性工学工作流程的汽车内饰设计研究[J]. 现代制造工程, 2010(11): 94-98.

[74] WACHS M. Men, women, and wheels: The historical basis of sex differences in travel patterns[C]. Washington District of Columbia: 66th Annual Meeting of the Transportation Board, 1987: 10-16.

[75] 乔丽华, 程安萍, 范旭东. 基于女性特征研究的汽车内饰设计分析[J]. 设计, 2015(9): 112-113.

[76] 王煜华. 建筑中庭空间设计研究[D]. 南京: 南京林业大学, 2005: 1-2.

[77] HASSENZAHL M, WESSLER R. Capturing design space from a user perspective: the repertory grid technique revisited [J]. International Journal of Human–Computer Interaction, 2000, 12(3/4): 441-459.

[78] 孙建雍. 空间设计艺术研究[M]. 北京: 中国社会科学出版社, 2011.

[79] GOLDSCHMIDT G. Capturing indeterminism: representation in the design problem space [J]. Design Studies, 1997, 18(4): 441-455.

[80] Gero J S, AKAZAKOV V. Evolving design genes in space layout planning problems [J]. Artificial Intelligence in Engineering, 1998, 12(3): 163-176.

[81] SHIMOMURA T. Extended-space control design with parameter-dependent Lyapunov functions [C]. Proceedings of the 40th IEEE Conference on Decision and Control, 2001: 1-25.

[82] DOWNS R, STEA D. Maps in minds: Reflections on cognition mapping [M]. New York: Harper and Row, 1977.

[83] ITTELSON W H. Environment conception and contamporary conceptual theory [M]. New York: In W. H. Ittelson (ed) Environment and cognitio, 1973: 1-19.

[84] LYNCH K. Image of the city [M]. Cambridge: MIT Press, 1960.

[85] 比尔·希列尔. 场所艺术与空间科学[J]. 杨滔, 译. 世界建筑, 2005(11): 24-34.

[86] 段进, 比尔·希列尔, 邵蕴青, 等. 空间句法与城市规划[M]. 南京: 东南大学出版社, 2007.

[87] BAFNA S. Space syntax: a brief introduction to its logic and analytical

techniques [J]. Environment and Behavior, 2003, 35(1): 17-29.

[88] 杨滔. 空间句法与理性的包容性规划[J]. 北京规划建设, 2008(3): 49-59.

[89] KARIMI K. A configurational approach to analytical urban design: 'Space syntax' methodology [J]. Urban Design International, 2012, 17(4): 297-318.

[90] KIM Y O, PENN A. Linking the spatial syntax of cognitive maps to the spatial syntax of the environment [J]. Environment and Behavior, 2004, 36(4): 483-504.

[91] 曹芳宁, 李易. 互联网汽车: 人类终极的移动空间[M]. 北京: 电子工业出版社出版, 2016: IV.

[92] YANG E J, AHN H J, KIM N H, et al. Perceived interior space of motor vehicles based on illusory design elements [J]. Human Factors and Ergonomics in Manufacturing & Service Industries, 2015, 25(5): 573-584.

[93] 唐文方. 大数据与小数据: 社会科学研究方法的探讨[J]. 中山大学学报（社会科学版）, 2015(6): 141-146.

[94] 祁春节. 研究方法与论文设计[M]. 北京: 科学出版社, 2015: 55-61.

[95] 林定夷. 科学研究方法概论[M]. 杭州: 浙江人民出版社, 1986.

第 2 章

汽车内饰的空间模型与设计

2.1 概述

空间是个复杂的概念，人们对于空间最直观的感受来自自然形成的空间和人造空间，而空间尺度（Space scale）与空间类型（Kind of space）则是空间认知的两个重要维度。在汉语中，尺度和尺寸是两个相近的概念。在词典中，尺度描述的是对事物的分寸和标准；而类型则是具有共同特征的事物所形成的种类[1]。在建筑学领域，"尺度"和"类型"这两个概念都有着相对明确的定义，尺度概念虽然与尺寸有关，但是其本质上表达的是人们对建筑"空间比例"的综合感觉[2]；而空间类型或类别可以根据不同空间构成和所具有的性质特点来区分，例如物理空间和生活空间等[3]。

汽车内饰设计具有显著的空间特性。因此，空间模式与空间设计是汽车内饰设计研究的关键科学问题，单纯地从产品设计角度对汽车内饰进行研究是不充分的。在空间的观念层级上整体探讨汽车内饰设计，有助于汽车内饰设计问题的认知，提升汽车内饰空间设计的理论和方法。本章结合不同学者提出的经典空间模型，分析对比不同的"空间模型"，提出汽车内饰的空间模式和映射关系，为汽车内饰空间设计提供研究基础。本书把汽车内饰造型设计问题作为一个空间问题，明确所谓实体性造型设计与感知性空间设计的差异与关系，构建汽车内饰空间表征对应关系模型。构建汽车内饰空间设计的空间框架。研究阐明汽车内饰的空间模式和空间设计基本问题，提出汽车内饰空间的三个要素：空间特征、空间布局与空间形态。通过汽车内饰空间访谈调研实验，对汽车内饰空间问题和空间构成、汽车内饰空间边界等问题进行论证，明确汽车内饰的空间设计问题，确立汽车内饰空间设计问题的理论依据。

2.2 空间设计问题

2.2.1 空间的构成

首先，这里探讨的"空间构成"是一个设计学范畴的概念，即设计中的空间究竟是什么的问题。其次，设计的空间观存在物质性、边界性和表意性的设计哲理和设计意义问题。因此，产品设计也是一种空间观的具体化实践活动。从学科领域看，建筑学领域对空间问题的关注先于工业设计，建筑学也是工业设计的"老师"。因此，建筑学领域对于空间的研究于工业设计来说是具有借鉴意义的。可以说，产品属于空间，是空间的构成形式，空间又是产品的存在方式，一切产品设计艺术本质上都是空间艺术。

"物"是有形的，是可以直观感知的。而空间也是有"形"的，只不过空间的形是通过"边界"感知的，即空间边界。例如，"墙"是有形的，可以直接感知，而"墙"又隔断和定义出一个"空间"，"墙"又是空间的边界。然而，这样一个空间的认识问题却在理论和描述上莫衷一是。原广司在《边界论》[16]中认为，科学赋予边界的定义只是一种启发式的定义，而艺术和建筑才是边界存在的理由。因此，可以认为"空间边界"是一种基于人类意识而内生的"人造实体"，而不是一种完全自然的产物。关于这一点，彼得·卒姆托（Peter Zumthor）[17]认为，建筑可以通过其空间特质传达出一种强烈的情感，并且具有感知冲击力。原广司进一步认为，当边界作为一个"面"呈现时，具有内和外的两个面，与建筑的内和外相对应。因此，空间边界既是可以感知的实体，又是作为内部空间的边界。

然而，空间边界的概念似乎仅仅是说明了"此空间"和"彼空间"的感知分界问题，并不能完全回答"空间构成"的问题。例如一间书房，如果没有书桌和书柜，仅仅是墙面、地板以及天花板的"边界"，它仍然不能被人们感知为一间"书房"。因此，在普适的认知维度下，不同的空间取决于不同的空间构成，产生不同的空间意义。究其本质，"书房"的墙、地板和天花板是空间的边界；"书房"的书桌和书柜是空间的构成元素，而"书房"是一种空间属性的概念。一座教堂必定会有圣坛和宗教物品，共同构成教堂的空间。因此，空间中的"物"与空间的关系很大程度上决定了空间的属性[18]。

依据上文，可以归纳出来空间的构成关系，空间由空间边界、空间元素以及空间意义构成。空间边界是确实可感受的物理边界，空间中的"物"是空间元素，也是构成空间的基本单位，这两者共同构建了物质空间；对于空间的认知建立在人对空间边界以及空间元素的感知上。而空间意义则是由人对空间元素及其形态认知的表征，是一种非物空间，由此构成本书的空间构架（图2-1）。需要特别指出的是，本书所研究的空间客体，是在此空间观下的一个由实体边界所围合的、包含"物"的有限空间，且这一空间不是自然空间而是一个人造空间。

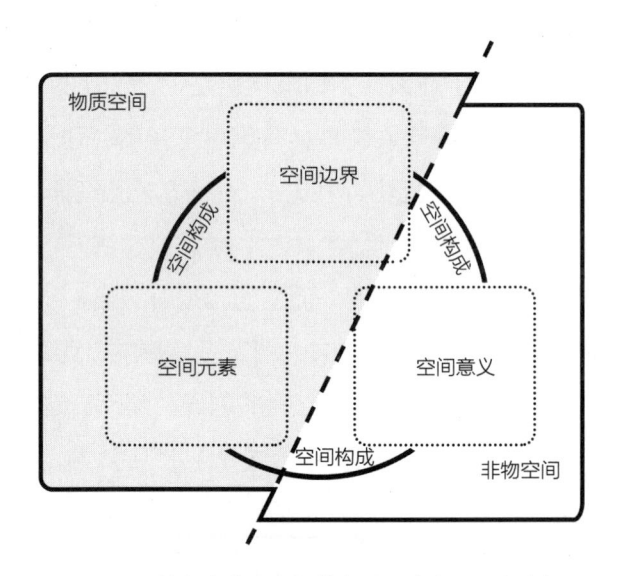

图2-1　物与非物的空间构架（图片来源：自绘）

2.2.2　中国古代空间观——四方宇宙与浑天说

"空间"这一概念对我们来说再熟悉不过，然而要给其一个明确的定义却十分地困难。从古至今，空间问题一直是哲学家们所关切以及试图解决的问题[4]。在我国，自古以来对于空间的说法诸多，早在先秦时期就已经提出了对空间的朴素认知，在尸佼所著《尸子》中有文"四方上下曰宇，往古来今曰宙"，而"宇宙"这一概念最早见于

《庄子·庚桑楚》："有实而无乎处者，宇也；有长而无本剽者，宙也。"宇即是指代方位，而宙则是指代空间。《尸子》对于空间的描述"四方上下"即是指东南西北上下六个方位，而"古往今来"则是指所有的时间。尸子对于空间的认知是一个混沌且宏观空间观，实际上是一种契合于现代意义中"宇宙"的原始概念。《墨子·经说上》中有云："宇，东西家南北。"这里的宇即是指空间，而家则是空间的意义，墨子认为空间是由"东西南北"四个方位构成，因此，实际上墨子的空间观是一个二维的平面空间观。在《管子·宙合》中提出"天地万物之橐，宙合有橐天地"，即认为世界万物都包含于天地之间，天地又蕴藏于宙合（宇宙）之中，天空与大地即是当时人们对于空间的认知。对于此后人解曰："四方上下曰合"，"合"即是抽象意义的空间概念。由"四方上下"着眼来定义空间，显然是强调其三维性。古人对于空间的探讨实际上是对空间本体的认知，即空间定义的认知。

《列子·汤问》中曾有这样的记载，殷汤曰："然则上下八方有极尽乎？"革曰："不知也。"汤固问。革曰："无则无极，有则有尽，朕何以知之？""然无极之外复无无极，无尽之中复无无尽。无极复无无极，无尽复无无尽。朕以是知其无极无尽也，而不知其有极有尽也。"夏革借对殷汤的回答阐明了空间如果是虚空的，那么空间是无限的；如果是由物质所构成，那么空间却是有尽头的。而在《列子·汤问》又有："朕以是知四海、四荒、四极之不异是也。故大小相含，无穷极也。含万物者，亦如含天地；含万物也故不穷，含天地也故无极。"阐明了空间实际上是无限且没有边界的，而是作为一种载体，各个空间之间具有层层包含的关系。在对于空间是否有限的争论，屈原在《天问》中提出："圜则九重，孰营度之？"后人译文有曰："天据说有九层，而谁曾去丈量？"天有九重，这是古人对于天地边界的描述。《晋书·天文志上》中有云："古言天者有三家，一曰盖天，二曰宣夜，三曰浑天"，即盖天说、浑天说和宣夜说，是中国古代关于天地的结构相继出现过三大空间说。齐振海和蔡坚[5]等认为我国古代空间有限说主要基于浑天说，而张衡则是浑天说的代表人物，其在《张衡浑仪注》中主张："浑天如鸡子。天体圆如弹丸，地如鸡子中黄，孤居于天内，天大而地小。"他认为宇宙就像一枚鸡蛋，而天和地的关系就像鸡蛋壳包裹着鸡蛋黄一样。从这个角度上来说空间却是有边界的。值得一提的是，浑天说是一个比较成熟的对于宇宙认知的理论，它与西方近代天球理论十分相似，并且历史上这一学说相较于其他学说是具有优越性的[6]。由此看来中国古人对于空间的认知过程，是一个由空间无界逐渐走向空间有界的过程。

对于空间本身是什么，或者说空间是如何形成的问题，我国古代的学者们也有论述。老子认为世间万物是由"道"所生成，这一观点在《道德经》有着详细的阐述。在稍后的时代，在"道"的基础上逐渐产生了"元气说"，并且这一学说也是占据着中国古代自然界物质认知学说领域的主流地位。在空元气论者看来，"气"是一种连贯的物质，东汉将气进行分解，是"阴"和"阳"两者对立统一形成"道"，即是自然发展规律[7]，元气论的代表人物王充在其著作《论衡》中的《言毒》和《自然》两篇中就提出"万物自生，皆禀元气""天地合气，万物自生"的说法。

纵观以上中国古代先贤对于空间以及宇宙提出的诸般学说，可以发现，对于空间的认知，主流上认同一种朴素的唯物主义空间观。虽然学者们对于空间的描述角度各不相同，归纳起来主要是关于空间的定义、空间的边界以及空间构成这三个问题，实际上如果将这些观点总结起来就形成了一种类似现代三维的物质有界空间的某种雏形。

2.2.3　西方空间观——形而上学、物理科学和主体向度

西方对于空间的认知主要经历了三个阶段：形而上学的空间认识、物理科学的空间认识、主体向度的空间认识。形而上学的任务是探究世界的本源，而形而上学的空间认识的目的则是探究空间的本源。柏拉图作为西方古代哲学巨擘，认为空间是一种不带有任何特性的容器，世间万物的运行规律皆蕴藏其间[8]。柏拉图对于世界的认识主要基于理念、空间以及可以被感知的事物这三个概念，而空间则是理念与可被感知的事物的连接。柏拉图在其著作《理想国》中描述了不同层次的灵魂容器，而这些容器包含我们对于现实世界的一些抽象概念，如理想、国家等。这样看来，实际上柏拉图对于这些"容器"（空间）的理解更像是一种抽象的带有某种意义表征集合的描述，空间是一个对被感知物与理念进行关联的途径，空间是一种不具有边界的理念范畴中的认知。

亚里士多德的空间观虽然受到柏拉图的影响，但他认为空间是有限且相对的。在其著作《物理学》[9]中他提出"空间乃是一事物（如果它是这事物的空间的话）的直接包围者，而又不是该事物的部分"。"空间可以在内容事物离开以后留下来，因而是可分离的"；进一步地，他认为空间是隶属于物质的，但是也可以与之相分离，空间本质是由于物体包围所形成的内界面。空间是事物的包围，和事物相分离的[10]。自此，对空间的认识由形而上学的认识观转化为物理科学的空间认识观。据亚里士多德的另一

种说法:"形式是事物的限,空间是包围物体的界限。"可以看出,空间是内在物质形态的外显型表征,而空间实际上是某种可以独立存在的有边界的"体",这种体的形态实际上是由空间中包含的物所决定的。同时他指出,空间是可以为人所感知的,且其形态是依据其内含的事物形态所呈现的,这个空间并不是虚空,而是由物构成的。

西方古典的形而上的空间观实际上与我国古代的空间观有着相似之处,即认为空间是有界的且是一个可以直接感受的三维"形态"。不过值得一提的是,虽然柏拉图的空间观是形而上的空间观,但是他对于物质与空间的关系的论述同样是对空间的注解,因此,除了物质之外,空间实际上具有意义的表达性,亦即空间赋予了空间中的物以意义,而空间自身也具有意义的表征性。

西方的空间观发展自哥白尼的"日心说"起,即所谓物理空间观,自此开始采取科学方法对宇宙进行科学的观测,逐渐了解了宇宙空间的知识。虽然诸位科学先驱提出了各种空间模型(多维空间、黎曼空间、拓扑空间等)。但是,最接近人们直观感知的空间观是法国人笛卡尔(Descartes)所创建的几何空间观,他主张空间中都存在物质;不占有空间的物质不存在,空间和物质是不可分割的。比尔·希列尔(Bill Hillier)[11]则进一步指出,在西方的主流文化中,脱胎于笛卡尔理性学说而产生的笛卡尔(Descartes)理性空间学说是最为人所接受的,将其称为"伽利略–笛卡尔理论"(Galilean-Cartesian)。即物质世界中物体的主要属性是它们的"延伸"(Extend),即它们的可测量属性,如长度、宽度和高度。这些主要属性是一种客观不依赖于人的意志而改变的属性,而诸如"绿色"或"漂亮"这样的"次要"属性似乎在某种程度上依赖于观察者对于空间对象所产生的个人化的反馈。近代科学之父牛顿对于空间问题则提出了著名的绝对空间概念。从物质的角度,正面回应了空间是什么的问题——空间是物质的而不是虚空。

随着物理学的发展,主体向度的空间观开始兴起。主体向度空间观主要强调人的空间观构建的主体作用,注重从主体感知层面阐释空间思想的构建过程。简单来说,主体向度空间观主张个人思维与意识对空间认知与构建的主导性。皮亚杰等从心理学研究空间[12];而克朗(Crang)和什利夫(Thrift)从社会和文化的角度出发,提出思想空间概念[13]。所谓思想空间,本质上是一种概念集合,而概念是指人自身的经验与认知,是对客观事物的反馈与归纳。克朗(Crang)和什利夫(Thrift)所提出的空间观的基石是唯物主义的人类社会发展的客观规律与现象。因此,对物质空间的补充,这一空间观也佐证了空间具有意义表征的属性。

不同空间理论的提出都凝聚了人们对空间问题的深入思考和探索，而空间概念的发展与变革也与科学技术的发展有着密切的关联。事实上，空间问题的研究与每一个时代人的宇宙图景、科技水平以及生活体验都有着密切关系，不同时代的空间概念或者说空间观都有其合理的依据与意义。然而，在漫长的岁月中，对于空间这一个概念，学界的关注点都集中在理论的辨析与存在形式的层面上。而对于空间研究中各种理论的实践，最为大众所熟知的应属建筑学与规划学领域。事实上，直到19世纪，艾德里安·福提（A. Forty）提出了空间与建筑的关系，空间问题才被建筑学领域所重视[14]。从此空间问题从哲学思辨的国度步入建筑学科的殿堂。在这种背景下，罗格·斯克鲁顿（Roger Scruton）[15]针对建筑学与规划学领域下的各种空间理论提出建筑美学，将人们对美的追求融入空间范畴。

总体来说，东西方对于空间问题的关注点在于空间的构成性（物质性与非物质性）、边界性（有界性与无界性）以及意义性（观念性与表意性）；进一步地，本书研究将文献中所提及的空间认识归纳于以下三点：

①空间是物质的不是虚空的；

②宇宙是没有边界的，但可感知到的物质空间是有边界，并且这个边界同样也是物质性的；

③在物质空间之外存在着非物空间，而这种非物空间并不完全脱离物质空间，而是服从于物质空间，并具有表意的功能。

空间的物质性、边界性和表意性，可以作为本研究的空间观理论基础。值得注意的是，空间观问题其实是一个非常庞大和复杂的学术问题。

2.3 汽车内饰空间认知理论基础

2.3.1 经典空间认知模型

对于空间认知（Spatial cognition），高俊等人[19]认为，最早对于空间认知的研究始见于1948年由托尔曼（Tolman）撰写的论文《鼠脑与人脑中的认知地图》，在地理信息科学（GIS）的领域有着较为深入的研究，地理学对于空间认知的研究直接源于地理学在20世纪60年代末到70年代初开始的针对人类行为方式的探究。在GIS领域，具体实体空间如室内空间或者桌面空间，甚至欧氏几何空间都不在其研究范畴之内，但是对于地理空间认知形成的机制，高俊等人认为空间认知的模式是大脑与客观实在（Reality）之间的相互作用和反复深化，也包括再认知（Re-cognition）。虽然这一研究所提及的空间类别与本书研究的空间类别并不重合，但是此研究成果提供了一个普适的空间认知模式，即空间的认知是人对于客观实在的反馈。在本书中，空间是一种物的存在，即本书的"客观实在"就是一种由物所构成的空间形态。关于"物"的定义，在与实体空间紧密联系的建筑规划领域，达尔顿（Dalton）借助具象物（The embodied object）这一概念进行如下解释："具象物是描述在真实世界中可以被感知的物体。"对被感知物通过感官可以很容易地并做出大小和形状等外在属性的描述，在对这些外在属性进行定义归纳的时候，单纯的感知就转化为语言以及思维层面的反馈以及描述[20]。将这一观点与高俊等提出的空间认知结合来看，空间认知中客观实在即指由具象物构成的空间，是对于空间本体及其构成的认知；认知模式，包括所谓的再认知，是一种基于空间对象的主体加工认知过程，是对于空间类别的归纳。

然而，尽管现代物质空间观已经确立，且对于空间认知研究的内涵已经有了数次扩展和转换的情况下，却依然很难将其统一在一个理论体系之下或者采用某一种标准将其阐述清楚。针对这种情况，一些学者试图通过将空间问题置于不同维度间进行研究、类比得到不同的认知差异，并将其结果模型化，使空间问题直观化且便于应用实践。

萨克（Sack）[21]依据人们对于空间的认知差异提出了实践与社会科学下的模式（Space in practical and social science modes）与非科学领域（Space in non-scientific modes）下的模式。他指出，在西方社会中最影响实践与社会科学下的模式的空间科学观来自接触行为（Action by contact）和能量守恒（Conservation of energy）的融合，即物理接触与能量的传递，可以认为这个模式下所指的空间就是我们认知的物理空间。在这一空间背景下，人类对于空间的互动都是基于个人经验并且与空间尺度有关[22]。而对于非科学领域下的模式，萨克认为是空间的另外一种形态，存在于被称其为与科学领域（Realms of science）截然不同的神秘域（Mythical-magical view）之中，在这一维度下对于空间的行为除了不受距离所约束外，另一个特征是，空间形式或形状可以作为某物存在的符号。在现实生活中，这个维度下最为契合的认知可以认为是人对于物所产生的精神空间，例如，宗教祭坛所产生的神圣的空间感，这个空间实际上是非物理的，但是却确实能被人所认知。虽然萨克以此为基础对关于空间认知的各种模型进行了大量的研究并将其进行了归类，但是他也承认没有一个模型能完美地说明空间的问题。尽管如此，已有的研究结果至少明确了空间认知的两个层面：人能通过感知器官直接感受的物理空间以及通过对物的感知反馈并依据自我的经验而生成的非物质空间，或者说认知、精神空间。本书所探讨的空间观也与萨克所提出的观点是一致的。

从20世纪60年代至20世纪末，涌现出了诸多的空间认知模型，弗伦德什（Freundschuh）等人[23]对此期间研究者们提出的15种经典模型进行了总结，并且以"空间尺寸"（Space size）和"空间类型"（Kind of space）为轴线进行图示化，他们将空间类型归类于四个种类：小一大型空间模型（Models of small-and large-scale spaces），小一中一大型空间模型（Models of small-medium-and large-scale spaces），作为空间呈现的示意图（Maps as representations of space）以及与交互相关的（空间）模型（Models that relate to interactions）。

对弗伦德什总结的这15种经典的空间模型进行对比与梳理，可以发现，其范围几乎涵盖了物理世界中我们日常能感知到的各个空间维度。值得注意的是，弗伦德什使用空间尺寸（Space size）来描述各个维度的空间大小，而他对于空间大小的描述几乎无法用确定的数值范围来衡量，实际上是一个更偏向空间尺度（Space scale）的分类方式，图2-2采用空间尺度（Space scale）对这15种空间模型按照文中所提及的轴线形式进行图示化。

由图2-2可以得知，学者们对空间的认知基本从以下两个层面来探讨：空间的维度以及空间类别。空间维度是一个客观的概念，是一个对于空间尺度的描述。但是对于空间类型的分类却是完全基于学者对空间的个人认知与理解。因此对于空间的认知的差异实际上是来自对空间类别的定义，这15种经典空间认知模型代表了学界的主流空间认知方式。

对空间元素感知，是对与空间产生部分—整体（Part-whole）关系的元素以及其中空间所统辖的元素的认知，这些元素是实现把空间当成一种"具象物"的认知，是区别不同空间类型以及属性的重要依据。这里的空间类型实际上是对空间"是什么"的描述，也是对空间属性的归纳。

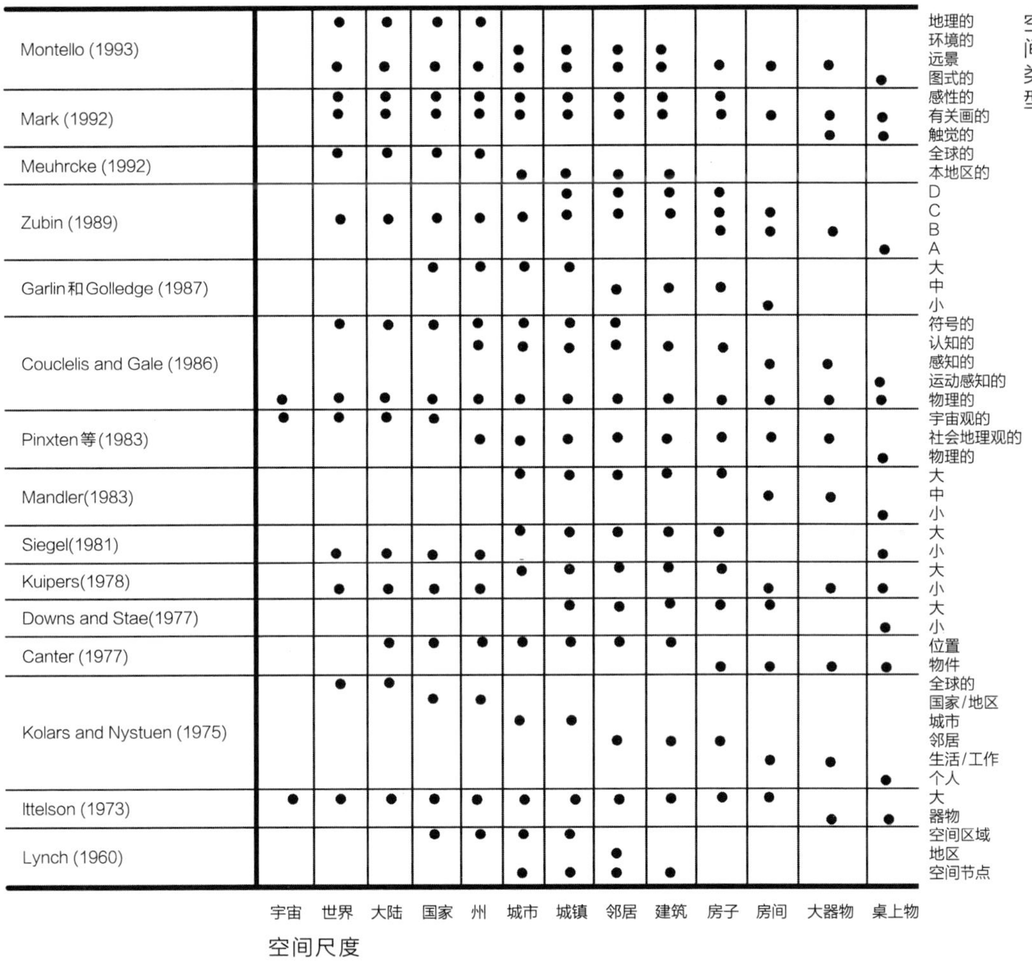

图2-2 弗伦德什（Freundschuh）总结的15种经典空间认知模型归类（图片来源：依据文献[117]整理绘制）

2.3.2 汽车内饰空间关系模型

通过分析图2-2列举的15个空间认知模型，发现对于空间的认知方式，以考克李里（Couclelis）和盖尔（Gale）的模型最贴合大众对物质空间的认知。该模型是基于阿贝尔群（Abelian group）代数运算规则所建立，其数理原理在此不作赘述。事实上他们研究[24]认为，空间类别概念在弗伦德什（Freundschuh）所总结的五种空间类别（符号空间、认知空间、感知空间、运动感知空间、物理空间）的基础上，还包括一种纯欧几里得空间（Pure euclidean space），但是纯欧几里得空间是一个纯数学概念的范畴。

本书研究的汽车内饰空间尺度对应到模型之中大致是从建筑到桌上物这个尺度范围，结合弗伦德什（Freundschuh）对于此空间模型的归纳，空间类型包括认知（Cognitive）、感知（Perceptual）、运动感知（Sensorimotor）以及物理性（Physical）等四种空间类型。

按照考克李里的观点："感知空间与感知结构有关，而对突出特征点位的观测就是感知结构之一环，感知空间也与存在于环境中的凸显'物'和物理界面有关；对于认知空间而言，它与凸显'物'给人的印象有关。"[24] 所谓凸显"物"给人的印象，实际上就是"物"呈现给人的视觉特征。在模型中提及的物理空间类型是指描述"物"存在状态的集合，"物"是构成物理空间的基本单位。值得一提的是运动感知空间（Sensorimotor space）这个概念，是指人体尺度范围下作用的空间范围，如转臂距离，抬头距离以及小范围移动距离等。虽然在大型空间研究对象的学科如地理学、规划学中，由于尺度过小，这样的空间尺度往往被选择性忽略，但是在小尺度的空间设计中，这个尺度的空间却是十分重要的，表达了人与物的直接关系。综合本书的空间构成，考克李里（Couclelis）和盖尔（Gale）提出的运动感知空间类型，十分契合汽车内饰设计研究范畴，适宜作为本书空间研究的理论基础。

参考考克李里和盖尔的空间模型，结合本书归纳的空间观，构建本书的空间的关系模型（图2-3）。本书研究的是一个人造的产品空间，包含物质空间和非物空间。所谓物质空间是可以切实感受到的由物质所构成的有界空间；而非物空间不是虚无空间，

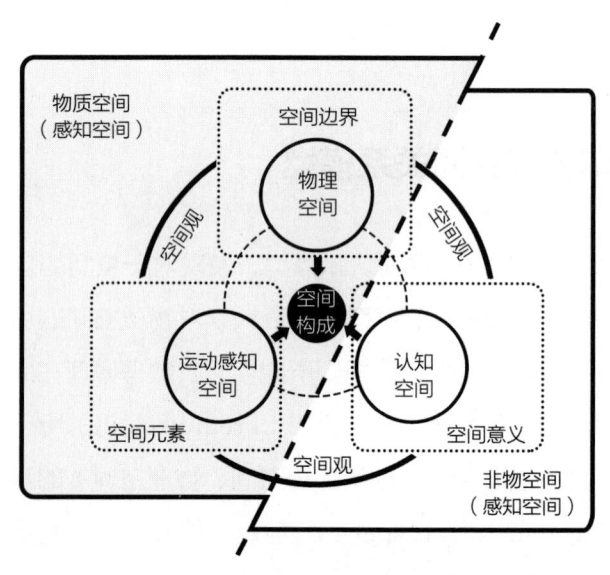

图2-3 汽车内饰空间关系模型（图片来源：自绘）

是一种对于空间属性的认知，这种空间属性指的是2.2.2小节中希列尔（Bill Hillier）对伽利略-笛卡尔理论（Galilean-Cartesian）的解读中提及的"次要"空间属性。从宏观的角度上来看，对于不同空间属性的认知集结所产生的"认知域"即是一种认知空间，是一种非物空间。

然而无论是物质空间还是非物空间，它们的认知都始于对客体空间对象的感知，因此，感知空间是认知空间存在的基础，本质上是人脑所产生的"意识空间"。在本书的空间观中，空间是一种有界空间，空间的边界由围合空间的物所构成。而在空间中所包含的一切，包括空间中的元素皆隶属于物理空间。空间元素是包含于空间中的物，虽然从广义上来说，空间中的一切物包括构成空间的边界都属于空间元素，但是在本书归纳的空间观中，空间元素即是指的由空间边界所围合的空间中所包含的一切实体。在人造空间中，运动感知空间是与人在空间的活动与交流密切相关，空间元素是影响运动感知空间生成和感知的因素，换句话说，人在空间中交流与活动本质上受到空间元素的影响和制约。

2.3.3 汽车内饰——一种载人的空间

汽车内饰空间是一个人造空间，汽车内饰设计空间问题并不仅是空间认知与空间构建的哲学和观念问题，更是一个实际的产品设计问题。汽车内饰属于一般性工业产品，其功能主要包含：①汽车产品的使用功能；②汽车内饰的美学功能。前者指工业产品的使用功能；后者指工业产品的情感价值和审美价值。汽车的使用功能指汽车行驶操控、四门两盖、车内气候控制、人机交互以及汽车内饰中的软、硬件人机关系等；与一般工业产品相比较，汽车内饰产品功能的特殊性在于其带有"空间性"。汽车产品的空间功能，即装载空间，具体包含载人空间以及载物空间，属于汽车内饰所特有的一种空间关系。

原广司[16]指出，21世纪是"空间的时代"，空间中人与空间的关系、人与人之间的关系、人与空间中"物"的关系等，其本质都是以人为中心空间研究。对汽车内饰而言，人在内饰空间中的影响因素尤为重要，故而，本书主要研究汽车的载人空间（简称汽车内饰空间，下同）。研究问题包含两个层面：①人对载人空间的认知；②人与载人空间的关系。前者指人对于汽车内饰空间的认知，后者指在汽车内饰空间中人与空间的关系以及空间中人与人之间的交流；两者相互关联，是本书研究的重点。

从形态上来看，汽车内饰呈现出一个被车门、车窗、顶棚以及底盘所包围而成的一个完整的封闭空间形态[25]，这可视为汽车内饰空间的边界。但是与建筑房屋封闭空间所不同的是，汽车内饰空间实际上是一个"产品构成的空间"，内饰属于工业产品的范畴，产品功能以及产品形态是一般工业产品两个重要属性[26, 27]。从产品功能上来看，工程设计与产品设计实现了汽车内饰的功能革新以及美学表达。内饰元素形态设计和采用的材质对汽车驾乘人员的感受[28]和安全[29]具有重要影响，是汽车内饰布局的关键因素[30, 31]。

从空间构成上来说，建筑与汽车内饰有着类似的空间构成方式：空间边界是由可以被直观感受的物质所构成，空间元素是完成空间功能的基本要素；空间意义则是空间功能以及形态的综合表达。从功能角度而言，"移动"是汽车产品的重要功能属性，是汽车内饰空间的独有空间属性，是汽车和建筑之间的显著差异，汽车内饰空间是一个具有空间运动性的空间。汽车装载功能是汽车内饰空间属性的功能表征，内饰部件是构建载货空间和载人空间的重要因素，其布局方式直接影响装载功能，例如在一些车型中可以通过将后排座椅放倒而将一部分载人空间转化为载物空间。

汽车内饰空间的认知方式实际上是一个对于产品空间的认知方式，对于汽车内饰空间的认知有别于建筑空间的认知方式。对于设计师而言，汽车内饰空间的认知方式，是一种设计思维的思考方式。而对于用户而言，汽车内饰空间设计提供一种空间解读途径。赵丹华[32]认为，在设计中存在设计师的设计意图以及用户的认知解释两条路径。链接两条路径的基础则是对于汽车外饰造型的形态造型要素以及层级的明确。在汽车内饰空间设计中，设计师的"设计意图"与用户的"认知解释"路径的链接同样需要一个"基础"，这个基础底层支持则是汽车内汽车内饰空间关系模型，明确这一空间关系对设计师进行设计实践具有积极意义。需要指出的是这一空间关系的存在，不仅限于汽车内饰产品，在由产品所构成的产品空间中也有所体现，具有一定的普适性。

2.4 汽车内饰空间设计的模型框架

2.4.1 汽车内饰空间的设计要素

作为一个载人空间以及汽车产品功能的主要完成场所，汽车内饰设计是汽车设计的重点，相比于外观造型满足人的视觉需求，汽车内饰设计更关注视觉需求之外的使用感受。

从工程角度上来说，汽车总布置是汽车工程设计的首要步骤。在汽车的总体方案确定以后，对汽车的各个部件以及总成在车身内的位置进行排布，满足汽车的产品需求。阿德理奥尼（Adreoni）等人认为，汽车总布置本质上是为乘员提供包括合适坐姿的空间[33]。而李光耀[34]从汽车内饰设计进行了阐述，认为可以将汽车内饰的产品使用功能具体归纳为：移动功能（加减速转向控制等）、驾驶辅助功能（转向灯、雨刷控制等）、其他辅助功能（娱乐设施、空调控制功能等）以及装载功能（载人功能、载物功能）。汽车产品功能的实现依靠汽车内饰空间的规划以及汽车内饰部件的设置。汽车内饰的空间规划主要针对优化汽车内饰中乘员的乘坐状态以及驾驶员的操作空间。而汽车内饰中方向盘、转向灯控制杆、空调口等则是完成汽车各个功能的部件。在人机工程方面，功能部件大小尺寸、形状以及在内饰中的布局合理与否，直接影响着汽车产品功能以及使用体验，是一种汽车驾驶与移动的体验和功能。

从产品设计的角度上而言，汽车内饰空间设计关注的是人对于汽车内饰空间的心理感受和体验。访谈调研表明，尽管设计师和用户对于汽车内饰的认知模式存在差异，但主要都以汽车内饰部件为认知的基本单位。对于汽车内饰空间而言，除了工程角度上完成汽车的产品功能之外，汽车内饰部件也是构成空间的基本元素。也就是说，对于汽车内饰中的空间感知和审美感知，都依赖于汽车内饰部件，如造型、颜色、材质等。因此，内饰部件不仅是汽车内饰空间构成的基本单位，也是汽车内饰造型风格的表征基础。

造型设计问题是汽车内饰空间设计的主要问题，从形态的角度而言，汽车内饰呈现出一个有界的空间形态，对于汽车内饰空间边界的认知，依据当今的汽车产品形态以及人们的认知习惯，汽车外饰车身是车内饰的边界，汽车外饰的形态是传达汽车内在信息的第一要素，与构成、结构、材质、色彩、空间、功能等密切相关的"形"是汽车的物质载体。换句话说，汽车外饰形态是汽车内饰空间形态和属性的外在表征。由于汽车内饰中的各个部件的形态和布局方式众多，即汽车内饰空间造型的认知线索众多，因此，汽车内饰空间造型的认知本质上在感官上呈现出一种概括和归纳性的认知，即汽车内饰造型的整体性空间形态认知。这种整体形态的认知的表征通常为对汽车内饰对象整体造型的语义描述，如豪华、家用、运动等，这些语义的描述从属于汽车内饰空间的属性的描述。

2.4.2　汽车内饰空间设计的研究框架

汽车内饰是一个带有空间属性的产品，是一个由各种汽车内饰部件所构成的产品空间，汽车内饰部件即汽车内饰空间的空间元素。结合本章提出的物与非物的空间构架以及汽车内饰空间关系模型，从空间的角度对汽车内饰空间设计元素进行明确（图2-4）。从空间构架的角度来说，汽车内饰是一个有界的产品空间，空间元素是构成汽车内饰空间的部件，部件形态呈现出汽车内饰的空间特征，这里特征指的是视觉特征。汽车内饰空间特征和空间布局以及空间形态之间相互关联。空间布局是一个汽车内饰空间特征的秩序性的排布，其本质是空间特征在空间中的位置关系描述；空间形态则是空间特征所呈现出的视觉形态与空间布局所呈现出的空间元素的排布关系，二

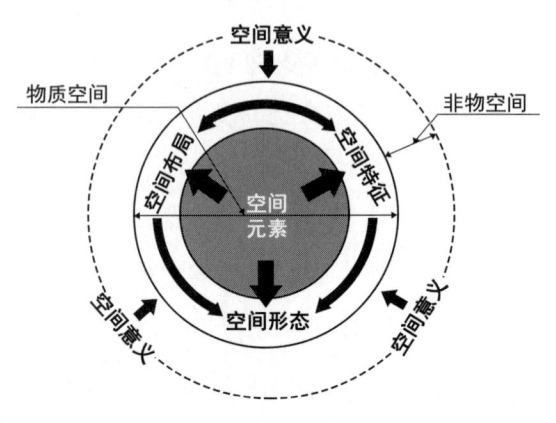

图2-4　空间元素与汽车内饰空间设计要素

者共同表现出宏观上的整体空间形态。这三个要素的本质是空间元素在汽车内饰空间中的不同呈现方式，从属于物质空间。对空间属性的认知，是对于汽车内饰空间整体造型所传达的语义的认知，如豪华感、速度感等是人的意识反应，从属于非物空间。从汽车内饰空间关系上来说，汽车内饰的空间特征服从构成汽车内饰空间的各个部件，以及由各个部件组合而形成的连接形式等综合性特征，是汽车内饰空间作为一个物质空间存在的方式的基础，对应于物理空间；汽车内饰的空间布局是内饰部件的空间排布方式，主要是以人的空间活动、人与人之间的互动空间为主要研究对象，对应于运动感知空间。汽车内饰的空间形态，是汽车内饰空间整体造型所呈现的风格和审美描述，是关于"空间张力"等空间意义和概念的，从属于认知空间。有关空间形态的问题将在第5章进行详细讨论。

由上述分析可知，汽车内饰空间元素即汽车内饰的部件可以认为是汽车内饰空间的基本单位，汽车内饰空间元素的造型和形态表征了汽车内饰的空间特征。造型特征的认知是对汽车内饰空间认知的基本途径。内饰空间元素排布的差异，产生不同的空间布局，而人对于汽车内饰空间的整体性认知即空间形态认知则脱胎于汽车内饰空间特征与空间布局，二者在认知过程中权重一致。在此，构建汽车内饰空间研究框架（图2-5）。

汽车内饰空间框架主要包含三个部分：汽车内饰的空间特征、汽车内饰的空间布局及汽车内饰的空间形态。

①汽车内饰空间：在本书的研究范畴中，汽车内饰空间指的是一种载人空间，即是以民用车辆为主的载人交通工具，而且本书的研究范畴主要是工业造型设计。

②汽车内饰的空间特征：指的是构成汽车内饰空间的各个部件，不包含汽车外饰的部件，这些部件的定义是满足汽车内饰设计的工程标准的单一部件，以及由各个部件组合而形成的连接形式等所表现出来综合性特征。从视觉逻辑和认知逻辑上，空间特征是构成了汽车内饰空间的基本单位。

③汽车内饰的空间布局：指汽车内饰空间中，内饰部件在空间中的排布方式。内饰部件的布局方式和相对位置影响人在空间中的交流和活动范围。汽车内饰的排布方式的研究，主要是以人的空间活动以及空间中人与人之间的交流作为研究对象的。

④汽车内饰空间形态：指汽车内饰空间的整体形态描述，具体为汽车内饰整体造型所呈现的风格和审美描述。造型必然存在于一定空间中，造型是空间设计的途径。因此，空间设计的本质是对造型存在方式的把握，汽车内饰的空间形态则是对汽车内

饰空间造型的表达。本书第3章、第4章和第5章将分别探讨汽车内饰的空间特征、汽车内饰的空间布局和汽车内饰的空间形态。

综上所述，对于载人空间而言，汽车内饰的空间特征、空间布局和空间形态是影响汽车内饰设计的三个主要因素，汽车内饰空间设计研究也主要围绕着这三个因素进行。这三个因素是汽车内饰空间设计问题的核心对象。

图2-5　汽车内饰空间研究框架（图片来源：自绘）

2.4.3　汽车内饰空间认知访谈调研

采用访谈法[35]对汽车内饰空间进行调研，主要目的是通过获取人们对汽车内饰空间问题认识的相关信息，对汽车内饰空间设计的框架模型可行性进行探讨，调研汽车内饰是否属于空间范畴、汽车内饰空间是否有边界、汽车内饰空间的边界构成要素、汽车内饰空间的构成要素、汽车内饰空间中人与空间的关系。

具体存在以下五个主要研究问题：
①明确汽车内饰是否属于空间范畴；
②明确汽车内饰空间是否有边界；
③明确汽车内饰空间的边界构成要素；
④明确汽车内饰空间的构成要素；
⑤明确汽车内饰空间中人与空间的关系。
下面针对访谈过程和调研结果分析做详细介绍。

（1）预访谈

空间设计是一个专业性比较强的问题，需要通过预访谈的形式，来确定访谈问卷的基本内容和形式，以便了解什么样的提问方式是被访者可以接受和理解的。预访谈随机选择了六名被试者，其中三人具有设计教育背景、三人无任何设计教育背景。通过预访谈不断调整提问内容以期与实验目的相符，通过预访谈，最终确定了以下五个开放式访谈题目。

题目1：你认为汽车内饰可否称为汽车内饰空间？

题目2：若可以称其为汽车内饰空间，你认为这个空间是否是一个被围合且相对封闭的空间？

题目3：如果这个空间是一个被围合且相对封闭的空间，那么是由什么物体来围合的？

题目4：汽车内饰空间主要由哪些部件或部分组成？

题目5：你认为在汽车内饰空间中，影响人活动和交流的部件有哪些？

（2）访谈调研过程

汽车内饰空间访谈调研在预访谈确定的访谈题目基础上进行。访谈实验在户外进行，在访谈车型对象选择上以一辆某主流品牌的四门五座（Sedan）轿车为准，四门五座轿车在中国市场上的接受程度最广且市场占有率最高，有利于得到相对准确的访谈调研结果以及消除受试者不熟悉车型所带来的数据失真。此外实验设备还包含IPad一部。为避免受访者相互干扰，受访者逐一独立完成答题。在完成前两个题目后，要求被试者从第3个问题开始，手持IPad，用视频录像的形式，记录受访者回答问题的实情，对于每一个问题的回答都独立地进行视频录制，并用手势辅助指出对应回答当前问题所关注的区域（图2-6）。

采用录像方式相比于传统录音采访增加了视觉记录，能更加准确地把握被测者的意图，增加访谈调研的可靠性。参加访谈的人员既有设计师，也有普通汽车用户，表2-1为被访者的基本情况。

在实际访谈中，若发现某些被试仍然对某些问题产生疑惑，则在提问时，采用类比和归纳的方式辅助被试者领会问题意图。例如，某位被试者无法理解内饰空间是由什么构成的，测试人则用类比举例方法：一间书房由书桌、椅子、台灯等构成，而寺庙空间则由佛像、烛台等构成。然后问：现在请你类比到汽车内饰空间中，它的构成是什么。而归纳则是被试者对某个问题的回答过于笼统时，测试者依据受访人的描绘将对受访人进行追问，以求一个详细的回答。例如，在回答第3个问题时，受访者的回答是，"中控台这一块"。在此情况下，测试者进行追问："我没清楚你说的中控台这一

图2-6 访谈实验现场（图片来源：自摄）

块的意思，能具体说说吗？"。受访者答："例如中控台的材质啊、造型啊、这条装饰带的线条、出风口的形状啊。"其次，在视频过程中，由于受访者在阐述问题过程中，可能会下意识地停止IPad的拍摄工作，测试人会提醒受访者需要重复回答并用手势指出其针对此问题所指的具体对象。

表2-1 汽车内饰空间问题访谈的被试人员基本情况

分类		人数	百分比（%）*
性别	男	49	85
	女	9	15
普通汽车用户		43	74
汽车设计专家	1~2年工作经验	8	14
	3~4年工作经验	5	9
	5年以上工作经验	2	3

注：*占总受访人数百分比。

由于第1题和第2题皆为"是"与"不是"题，易于甄别。从第3题开始，通过视频播放，针对被试者的回答进行语言分析。具体方法为依据视频内容和语言内容进行比照，从而对答案进行分类抽取（图2-7）。

对访谈内容中提到的与汽车有关词汇进行抽取并分为三个类别：车身外饰类、内饰区域类和单一部件类。车身外饰类词汇用以描述汽车外饰，如底盘、车门、A柱、车顶等；部件综合类词汇描述汽车内饰中多个内饰部件的集合总称，如中控台、车门内部、驾驶区域、车顶棚等；单一部件类则是指汽车内饰中单个部件的称谓，如空调按钮、空调出风口、手刹杆等（以上案例词汇皆从访谈对话中抽取）。在词语统计中，将相近和重复的词汇进行合并算作相同概念。

类别	用户回答内容简述	用时	视频对照
用户A	……你看这个**中控**，这**门板**上的这些**按键**啊，包括这些东西……还有前面**中控**啊这些**出风口**……	2分24秒	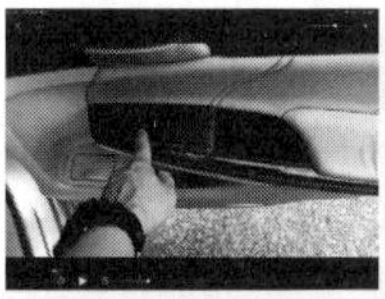 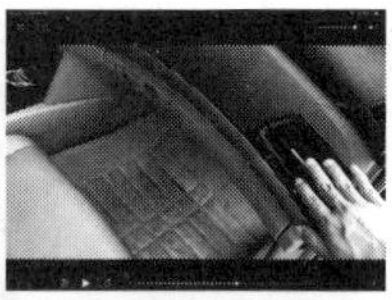
用户B	……**门板**上这个**黑色塑料**，**扶手**啊，这个**小扶手**啊这些……	1分27秒	 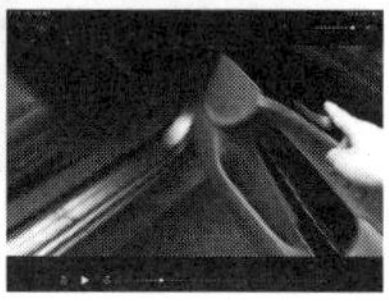

注：▨ 车身外饰类　▨ 内饰区域类　▨ 单一部件类

图2-7　访谈词语抽取（图片来源：自绘）

（3）访谈结果与数据分析

根据图2-8所示的访谈数据统计，可得出以下四点结论。

①无论是专家组，还是普通用户组，100%的受访者对第1题和第2题的回答为"是"，即汽车内饰可以称为"汽车内饰空间"，且汽车内饰空间有明确的围合和封闭性。

②第3个提问回答中，专家组共抽取出13个词汇，其中车身外饰类词语约占63%、内饰区域类约占22%、单一部件类占15%。普通用户共抽取车身外饰类词语约占88%、内饰区域类约占12%，没有提及单一部件类词汇。这里所谓外饰类词语是指当被试者回答空间边界时，视频记录为其手指外饰部件，如车门外门板；内饰类是指视频记录为手指车门内门板，其他部件依次类推。

③第4题要求受访者指出汽车内饰空间主要组成的部件或部分。对于专家组而言，

共抽取出 6 个词汇，其中汽车内饰区域类约占 64%、单一部件类占 36%。普通用户抽取出词汇同专家组，也是 6 个，但它们的选择倾向于单一部件类，占 86%。

④第 5 题，专家组共抽取出 13 个词汇，其中单一部件类词汇最多，占 81%；车身外饰类和内饰区域类词语占比例较少（内饰区域类和车身外饰类词汇分别为 12% 和 7%）。普通用户对于汽车内饰空间的围合部分，抽取的词汇总数为 6 个，其中单一部件类占 73%，但是也有用约 27% 的车身外饰类词语来进行描述。由于第 5 题的目标明确，需要确切的回答。对受访者的所有答案进行统计，并进行词频分析，结果见表 2-2。

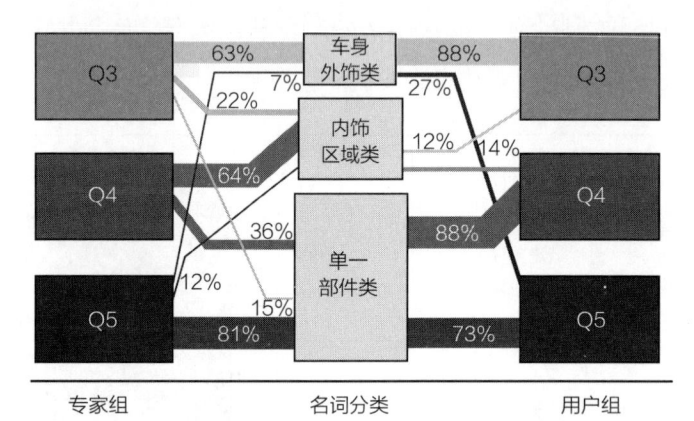

图 2-8 访谈题目词汇分类统计（图片来源：自绘）

注：Q3、Q4、Q5 分别指访谈第 3、第 4 和第 5 题。

表 2-2 题目 5 回答词频分析*

组别	座椅	传动轴凸起	中控隔断	车门	中控台
专家组	100	67	47	20	53
普通用户组	100	45	49	41	15

注：*访谈中该词汇出现的人次数与参加访谈人数之比，以百分数表示。

结合表 2-2 和图 2-8，还可以进一步总结出以下三点。

①对于汽车内饰空间边界构成要素而言，普通用户主要依汽车的外饰部件进行认知；而具有专业背景的人员，则将某些内饰的构成元素也考虑为内饰边界一部分（词频出现占 22%），甚至还有 15% 的单一部件类词汇用于描述内饰边界。普通用户对汽车内饰空间边界的认知趋向于类似建筑的"可见围合边界"，偏向用对汽车内饰空间边界呈现强关联的汽车外饰部件词汇来描述空间边界，是一个单向性、直观性的认知方式。而设计师则在此基础上，增加了与汽车内饰空间边界在视觉上关联的内饰部件词汇来

进行描述，所谓"部件构成边界"，这些词汇实际上是基于设计知识背景对于汽车内饰边界的辅助性的、二次思维加工认知的一种对于空间边界的多向性认知和概括性认知。因此，设计师的空间边界是一个"可见围合边界"与"部件构成边界"的概念。这个发现的直接推论是，用户一般会认为汽车内饰空间就是汽车外形，或者说大尺寸车就是大空间；而设计师会认为内饰空间边界既取决于汽车外形，也包含内饰部件。

②对于汽车内饰空间的构成问题（问题4），普通用户主要以汽车内饰中的单一部件进行认定；而设计师则以汽车内饰中部件关系为主，辅以单一部件来认知。值得指出的是，从视频分析来看，用户的手指具体指向一个个单一部件来指明所描述的对象；而设计师倾向于通过手指往复移动作来划定一个范围来指明其描述对象。因此，对于汽车内饰空间的构成方式，普通用户的认知方式倾向于"单个列举"；而设计师则倾向于"多个归纳"。这个发现的直接推论是，用户关注单体部件对空间构成的影响；设计师关注多个部件构成的空间关系。

③对于人与汽车内饰空间的关系（问题5），专家组和普通用户组100%地都提到了汽车座椅，其次是传动轴凸起和中控隔断；有67%的专家组人员将传动轴凸起列为影响内饰空间中人活动和交流的部件。可以看出，座椅是汽车内饰空间中影响人的活动和交流的主要空间感知点，具有"定位"汽车内饰空间的研究性。值得注意的是，无论是设计专家还是普通用户，在描述回答时，都提出了诸如"座椅排布的方式""中控隔断、后面传动轴凸起会影响人在里面的活动""前后座椅的位置影响交流"等问题。在这些描述中，除了列出具体部件的名称，还附加这些部件在汽车内饰中所处位置以及部件之间的相对位置，实际上是一种对于汽车内饰部件"空间布局"的描述。除此之外，在用户组的回答中，有将近22%的受访者提及车门的数量以及开启方式也是影响车内人员的活动与交流。因此，内饰空间与汽车外部空间的"流通"方式，也是汽车内饰的布局需要考虑的因素之一。这个发现的直接推论是，汽车内饰空间布局是一个普遍存在的空间概念，空间问题就是一个布局问题，而且内饰布局包括了空间布局和空间流通的概念。

将访谈结果进行综合归纳为以下四点。

①100%被试者认可"汽车内饰空间"的概念，且对汽车内饰空间有明确的围合性和封闭性认知。

②100%被试者认为车身外覆件为汽车内饰的空间边界。

③汽车内饰空间特征识别：专家组，区域类约占64%、单一部件类占36%；普通

用户，区域类约占14%、单一部件类占86%。

④100%被试者认为：汽车座椅排布方式影响汽车内饰空间感受。

访谈结果证明了汽车内饰空间设计模式与设计师与用户对汽车内饰空间的认知是契合的，以此为基础的研究是可信的。

进一步通过上述分析，还可以发现普通用户与设计师对于汽车内饰空间的认知存在差异（问题3、问题4）。用户对于汽车内饰的认知主要是依据具体的部件和功能认知进行概念串联，从而构建出对汽车内饰产品的空间认知；但是从空间的角度来认知汽车内饰的"完整性"相对较弱。换句话说，普通用户对空间的认知并不敏感，是常识性的；而设计师不仅能使用概括性的专业术语对汽车内饰进行概括性的表达，更能上升到完整的汽车内饰空间认知，是专业性的。

对汽车内饰空间认知，普通用户偏好于细节性描述词汇来进行对汽车内饰空间的认知，这种认知方式相互之间没有太多逻辑关联，是一种类似"所见即所述"的方式，是一种相对直观且分散的认知模式；而设计师对于空间的认知则倾向于采用以概括性词汇为主、细节性描述词汇为辅的具有整体逻辑关联的整体性的认知模式（图2-9）。这种逻辑关联实际上就是基于汽车内饰设计知识的、对内饰部件组合的认知逻辑，是一种设计师独有的背景知识。

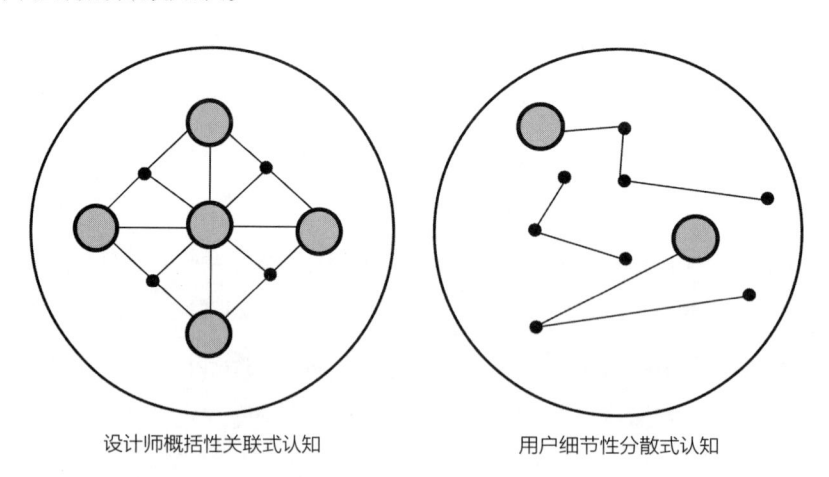

设计师概括性关联式认知　　　　用户细节性分散式认知

○ 概括性描述词汇　● 细节性描述词汇

图2-9　设计师与普通用户的空间认知模式（图片来源：自绘）

本章参考文献

[1] 《新编现代汉语词典》编委会. 新编现代汉语词典 [M]. 长沙：湖南教育出版社，2016，158：744.

[2] 王德民，黄春华. 广义建筑学的人居环境空间尺度概念[J]. 四川建筑科学研究，2003，29(4)：100-102.

[3] BOURDIEU P. Physical space，social space and habitus [M]. Oslo：Institutt for sosiologi og samfunnsgeografi Universitetet i Oslo，1996.

[4] MALPAS J. Putting space in place：philosophical topography and relational geography [J]. Environment and Planning D：Society and Space，2012，30(2)：226-242.

[5] 齐振海，蔡坚. 中西古代空间认知观的对比研究[J]. 重庆大学学报（社会科学版），2007，13(6)：111-115.

[6] 郭盛炽. 中国古代宇宙学说的历史地位 [J]. 中国科学院上海天文台年刊，1994(15)：256-262.

[7] 袁运开. 元气论、原子论与中国古代物理学[J]. 物理教学，2008，30(9)：13.

[8] 柏拉图. 蒂迈欧篇[M]. 谢文郁，译. 上海：上海人民出版社，2005：35.

[9] 亚里士多德. 物理学[M]. 张竹明，译. 北京：商务印书馆，1982：100.

[10] H.S.塞耶. 牛顿自然哲学著作选[M]. 上海外国自然科学哲学著作编译组，译. 上海：上海人民出版社，1974：19-21.

[11] HILLIER B. Space is the machine: a configuration theory of architecture [M]. 3ed. Cambridge：Cambridge University Press，1999.

[12] 张建卫，刘玉新. 皮亚杰发展心理研究方法体系论[J]. 北京师范大学学报（社会科学版），1998(5)：86-91.

[13] CRANG M，THRIFT N J. Think Space [M]. London：Routledge，2000.

[14] FORTY A. Words and Buildings：A vocabulary of modern architecture [M]. London：Thames and Hudson，2000：149.

[15] SCRUTON R. The Aesthetics of architecture [M]. Princeton：Princeton University Press，2013.

[16] 原广司. 空间-从功能到形态[M]. 张伦，译. 南京：江苏凤凰科学技术出版社，2017：108-145.

[17] 彼得·卒姆托. 思考建筑[M]. 张宇，译. 北京：中国建筑工业出版社，2010：22.

[18] 平辉. 物与空间概念的传续：追溯研究室中的一只柜子[J]. 新建筑，2015(3)：41-45.

[19] 高俊，龚建华，鲁学军，等. 地理信息科学的空间认知研究（专栏引言）

[J]. 遥感学报 2008，12(2)：338-338.

[20] 茹斯·康罗伊·戴尔顿. 空间句法与空间认知[J]. 世界建筑，2005(11)：41-45.

[21] SACK R. Conceptions of space in social thought: A geographic perspective [M].Minneapolis:University of Minnesota Press,1980:9-14.

[22] MONTELLO D. Scale and Multiple Psychologies of Space. FRANK A U, CAMPARI I. eds. Proceedings of the European conference on spatial information theory (COSI T) [C]. Elba: Springer - Verlag, 1993: 312-321.

[23] FREUNDSCHUH S M, EGENHOFER M J. Human conceptions of space: implications for geographic information systems [J]. Transactions in GIS, 1997, 2(4): 361-375.

[24] COUCLELIS H, GALE N. Space and spaces [J]. Geografiska Annaler: Series B, Human Geography, 1986, 68(1): 1-12.

[25] MACEY S, WARDLE G. H- Point, the fundamentals of car design and packaging [M]. Southern California: Design Studio Press, 2009: 226.

[26] HSU S H, CHANG C C. A semantic differential study of designer' and users' product form perception [J]. International Journal of Industrial Ergonomic, 2000, 25(4): 375-391.

[27] CHITTURI D R, RAGHUNATHAN R, Mahajan V. Form versus function: howtheintensities of specific emotions evoked in functional versus hedonic trade-Offs Mediate Product Preferences [J]. Journal of Marketing Research (JMR). 2007, 44(4): 702-714.

[28] YANG E, AHN H J, KIM N H, et al. Perceived interior space of motor vehicles based on illusory design elements [J]. Human Factors and Ergonomics in Manufacturing & Service Industries, 2015, 25(5): 573-584.

[29] VASTFJALL D, GULBOL M A, GARLING M K T. Affective evaluations of and reactions to exterior and interior vehicle auditory quality [J]. Journal of Sound and Vibration, 2002, 255(3): 501-518.

[30] NYGREN A. Injuries to car occupants - some aspects of the interior safety of cars a study of a five-year material from an insurance company [J]. Acta Oto-Laryngologica, 1983(95): 1-135.

[31] FOGT C, MAGL C, BUBB H. Interior laout design of passsenger vehicle with RAMSIS [J]. Human Factors and Ergonomics in Manufacturing and Service Industries, 2005, 15(2): 197-212.

[32] 赵丹华. 汽车造型的设计意图和认知解释[D]. 长沙：湖南大学，2013.

[33] ADREONI G, SANTAMBROGIO G C, RABUFFETTI M, et al. Method for the analysis of posture and interface pressure ofcar drivers [J]. Applied Ergonomics, 2003(33): 511-522.

[34] 李光耀. 汽车内饰件设计与制造工艺[M]. 北京：机械工业出版社，2009.

[35] 王维方. 用户研究中的观察期与访谈法[D]. 武汉：武汉理工大学，2009.

第 3 章

汽车内饰的空间特征与设计

3.1 概述

空间特征是构成汽车内饰空间的基本单位。空间特征是空间构建的认知基础，是人们感知空间的实体性和对象性元素，定义了空间的感知属性。空间特征从属于空间，但又是空间的组织元素和功能元素。本章主要研究汽车内饰空间特征的认知属性，为汽车内饰空间特征设计提供方法，也是后续研究的理论支持。

汽车内饰空间中，空间特征是内饰功能和造型风格的载体，功能和造型风格不同，其空间特征也不尽相同。因此，内饰空间所传递的信息，如功能、审美和情感等都包含在空间特征的属性中。在汽车内饰研究中，汽车内饰部件是指汽车内饰空间特征，关于汽车内饰空间特征研究，主要包括基于形态特征分析研究方法[1, 2]以及基于用户感性认知的设计研究方法[3]。卡尔松（Karlsson）等[4]以沃尔沃汽车的消费者及其公司员工为实验参与者，以汽车内饰部件造型为研究对象，采用语义环境描述法（Semantic environment description）对不同品牌的汽车内饰造型设计进行总体感知评价，证明汽车内饰部件特征的造型是影响用户对于汽车内饰风格认知的重要因素。赵丹华和尹彦青等人对汽车内饰设计进行研究和评价[5, 6]，从用户感知模态出发，构建内饰品质感性意象评价模型，提出了用户对汽车内饰的品质感是由直接感知和认知意象共同构成。在具体内饰部件造型认知研究方面，金多（Jindo）和平崎（Hirasago）[7]以汽车仪表盘和方向盘等小部件（Small units）为研究对象，运用感性工学的方法，揭示出满足设计预期的汽车内饰造型特征与造型感知之间的关系。理德（Leder）和卡彭（Carbon）以汽车中控台草图的造型线复杂度以及新颖度等作为研究因子，提出了汽车内饰设计的鉴赏维度[8]。这一理论提供了一个观点即汽车内饰中，汽车部件的轮廓以及汽车部件之间装备间隙所形成的视觉上的"线"包含了设计信息，并且影响用户对于汽车内饰空间造型认知。值得一提的是，在汽车外饰造型认知上，赵丹华提出了以特征线为主的汽车造型认知，并以此为设计师提供设计辅助和用户认知解释的途径[9]。这种认知模式的"巧合"

从侧面说明了特征线的认知不仅是汽车内外饰造型认知的重要途径，也是汽车内外饰造型认知存在一致性的佐证。关于内外饰造型一致性的问题，将在后续第5章进行详细研究。从以上诸学者的研究来看，汽车内饰部件（内饰空间特征）是人们对于汽车内饰空间认知的基础媒介，汽车内饰部件的造型包含汽车内饰空间整体造型信息。

3.2 汽车内饰的空间特征与演变

3.2.1 汽车内饰空间特征与演变的实地调研

汽车内饰是实现汽车驾驶功能的主要场所，汽车内饰特征的存在前提是满足汽车的功能实现[10]。为了获取汽车内饰研究的第一手资料，笔者对位于意大利都灵市的国家汽车博物馆（Museo nazionale dell automobile）（图3-1）进行了实地调研，馆中藏品丰富且藏品的时间与地区跨度完整，是欧洲最大且藏品最齐全的汽车博物馆之一，具备可靠的史料研究价值。

图3-1　意大利都灵国家汽车博物馆（图片来源：自摄）

图3-2为汽车内饰特征与空间演变示意图，从汽车发展历程看，汽车产品的萌芽时期并没有确定的汽车内饰概念，所有的内饰部件都是为了完成汽车移动操控这一功

能。虽然后世一致认为，卡尔本茨所设计的单缸三轮汽车是世界上第一辆汽车，然而在1748年，达·芬奇首次设计出非畜牧或者人力而使用弹簧扭力作为动力源的自动车，可以发现这辆车只有一个杆式操纵装置，没有明显的载人区域。依据博物馆的展示时间沿革，1891年佩科里（Pecori）蒸汽车以及1858年的里克特汽车（Rickett's vehicle），拥有与达·芬奇原型车类似的杆式操纵装置，但是开始配置了乘员座椅，具有了载人车的雏形。这一时期车的所有特征基本是功能性的，称为特征功能期，也可称为前汽车期，因为还不是现代意义上的汽车。

20世纪初，内燃机成为汽车的制式引擎，现代汽车的操纵模式逐渐形成，汽车内饰开始出现驾驶位、方向盘、换挡杆以及脚踏式速度控制。1902年的达拉克（Darracq）和1903年的单缸迪地昂和布顿8HP（De Dion & Bouton 8HP）中，就出现了符合基本人机关系的盘式方向操纵器，1905年的菲亚特（Fiat）则出现了现代汽车的人机操纵雏形，稍后1929年的伊索塔弗拉西尼8A（Isotta Fraschini 8A）出现了现代的中控台雏形以及后排座椅。因此，可以说载人的概念已经成为移动之外的最

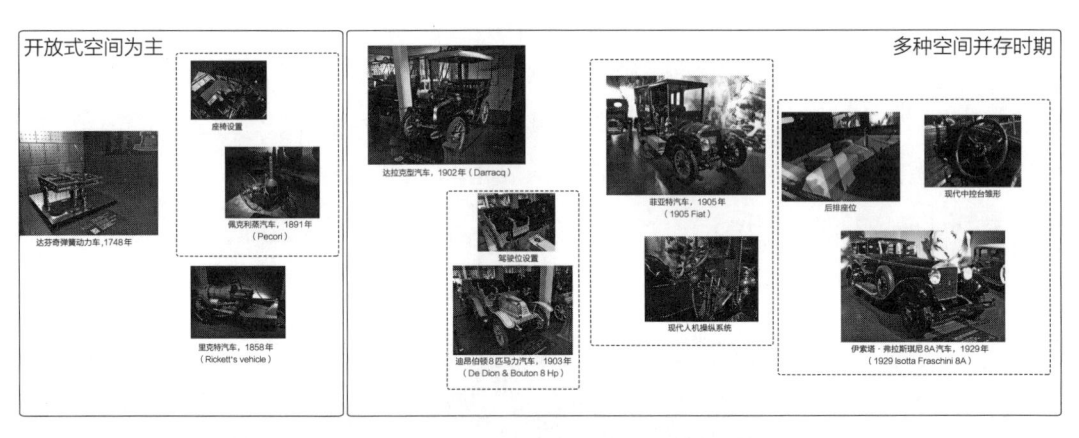

图3-2 汽车内饰空间特征与演变（图片来源：自绘）

主要内饰概念。1902年的达拉克（Darracq）和1929年的伊索塔弗拉西尼8A（Isotta Fraschini 8A）出现了顶棚与侧围等的汽车空间包围结构，包括全封闭和半封闭包围，让汽车有一种围合的空间感，是汽车空间形式的雏形，至此汽车出现了"内饰"的概念。汽车"包围"结构的出现，在视觉逻辑上与汽车功能并无直接关联，但这些围合本质上还是由于汽车内饰功能特征发展到一定程度而出现的，是在满足汽车移动功能的前提下逐渐形成的内饰空间概念。宏观上，汽车的空间特征是汽车的功能特征逐步发展和完善的自然结果，内饰空间的认知实际上还是通过对汽车内饰的部件整体特征认知形成的。

从1948年的西斯塔尼亚（Cisitalia）到2017年的雪佛兰FNR-X概念车，汽车已经形成了一个完全封闭的空间状态，同时，这种封闭形态也构成了汽车外饰的形态。因此，可以说汽车外饰的"根"是汽车内饰，汽车造型是一个自内而外的历史构形过程和概念生成过程。1956年的菲亚特600小型货车（Fiat 600 Mini Van）和2006年的丰田埃尔法，其座椅的设计与布局优化了汽车的载人空间；而对于1972年的列沃塔勒累F型汽车（Revolta LeLe F）与2017年的雪佛兰FNR-X概念车的中控台设计而言，其造型不仅具有内饰的造型意味，同时也明显具有与外饰造型的呼应关系。可见，汽车内饰的功能形制已经趋于成熟，出现了一些新的空间特征，内饰空间成为功能和造型的结合体。

为了对汽车内饰特征与空间演变的过程进行分析，将图3-2中的车型作为案例，归纳如图3-3所示。图中分为两个象限，纵坐标的上部分为空间主导，下半部分为功能主导，分别代表描述汽车内饰空间的两个指标。图3-3中，每一个车型用"功能锚点"与"空间锚点"分别在两个象限标记，分别表示每一个车型在内饰设计上对于功能以及空间上的取舍。在早期功能主导期，汽车内饰特征主要是反映汽车功能的实现，汽车内饰的空间感相对较弱；在过渡时期，汽车内饰的功能特征与空间特征之间关系不明确；而在现代空间主导期，汽车内饰的感知以空间特征为主。从总体趋势来看，汽车内饰特征的变化和生成逐渐从功能主导向以空间主导变化。换句话说，汽车内饰的造型特征从强功能性转移到强空间性。汽车内饰特征并不仅是一种为实现功能的部件而存在，而是以空间构成的形式存在。从时间轴上看，两者呈现出一种"此消彼长"的关系。因此，从汽车演变历史看，汽车内饰特征成为汽车内饰空间的基础，是汽车内饰空间认知最直接的途径，汽车内饰部件则是汽车内饰空间特征的具体表征形式。

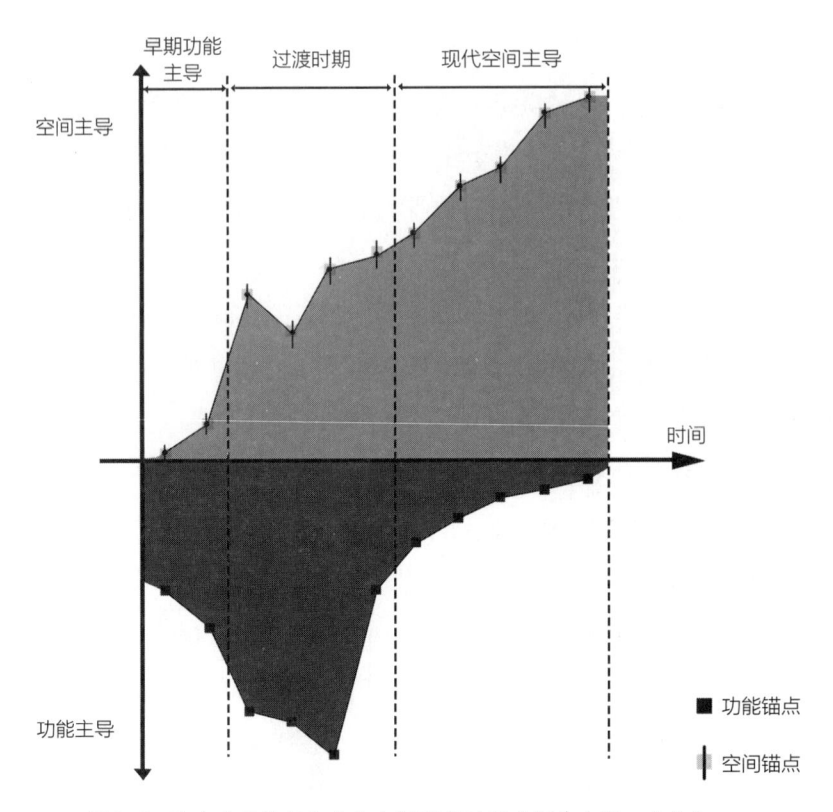

图3-3 汽车内饰特征与内饰空间演变过程（图片来源：自绘）

3.2.2 汽车内饰的空间特征线与交界线

通过对汽车内饰特征与内饰空间演变的调研，为汽车内饰空间特征与内饰空间发展之间的联系提供了史论层面的支持。在普适意义上，特征是一个事物区别于其他事物的标志[11]，可以通过个体特征的选择或组合来认知整体，特征（Feature）作为一种视觉感知客体而存在，其内涵包含了视觉信息，同时也作为语义和知识的载体[12, 13]。特征与视觉有强关联性，并且具有语义以及知识传递的功能[14, 15]。与3.2.1小节描述的汽车内饰发展特征有所不同的是，本节特指汽车内饰空间设计造型的特征线与交界线。

卡尔松（Karlsson）等人[16]认为，汽车的外形设计往往受空气动力学等因素的限制，而汽车内饰的造型限制较少，从而有更多造型设计的可能性；亦即汽车内饰造型特征的多样性。汽车内饰设计中，造型多样性体现在内饰特征拥有更广的造型域，即造型性的广域性。在2.4.3的认知访谈调研中，设计师表现出的概括性关联认知与用户表现出的分散性细节认知，本质上是内饰特征造型广域性在不同群体中所体现出的认知表征差异。因此，对汽车内饰的特征进行造型认知研究，明确设计师与用户的认知差异与认知模式，是普通用户解析、理解设计师造型意图的桥梁，对汽车内饰造型设计实践具有理论指导意义。

关于造型特征，赵丹华曾以汽车外饰为对象进行了特征与特征线方面的研究与阐述：特征是汽车外饰形态独特显著的部分，而特征线则是对特征的基础视觉表征[17]。由此可见，特征是对形态的概括性描述，而特征线则是描述特征形态的基础层级（Primary level）类别，也是设计实践中在草图构建阶段设计师表达造型的重要手段，是设计信息存储的最基础单位。回溯到《汽车内饰空间认知访谈调研》中，两个群体表现出的对于汽车内饰空间特征的认知，从视觉认知角度上来说本质上都是对构成空间特征的特征线认知，通俗地说即是对特征造型轮廓线的认知。

虽然在汽车内饰中，有着诸如中控构架板等带有面的属性的特征[图3-4（a）]，然而，相异于汽车外饰，汽车内饰造型中这些特征并未呈现出一种连续性曲面的形式，这一复杂性使得难以从面（Surface）的维度对其进行认知归纳。从认知角度上来说，由于缺乏多个面之间的连续性关系，汽车内饰特征中对于面的认知本质上是一种外轮廓认知。汽车内饰中各个不同面（Surface）以及材质之间的交界部分[图3-4（b）]也是汽车内饰空间特征认知的另外一个主要因素之一，且以"线"的视觉形式为人们所认知[18]。这个线实际上是汽车内饰空间造型特征的另一种表征方式。更进一步的，这种"线"担任着"承上启下"各个汽车内饰空间造型特征元素的作用。

（a）面属性特征　　　　　　　　　　（b）不同材质之间的交界部分

图3-4　中控构架板面的属性特征及不同材质的交界（图片来源：自绘）

基于以上分析，结合汽车内饰的构成特点，在此将诸如方向盘、挡杆、出风口、按键等功能部件以及各种呈现出面的形态的面板外轮廓线称为汽车内饰空间的特征线。不同部件以及不同材质之间的交界部分称为汽车内饰空间的交界线（图3-5）。特征线以及交界线是构成汽车内饰空间造型特征的基本视觉范式，也是认知的基本对象。

(a)特征线交界线　　　　　　　　　　　　(b)特征线交界线

图3-5　汽车内饰空间特征线和交界线

3.3 汽车内饰的空间特征认知差异实验

在设计活动中，设计师是设计活动的主导，以自己设计领域知识对产品进行设计，但是设计师的意图与用户的认知却难于直接达成一致[19]。用户往往是被动接受设计产品的一方，又缺乏相应的设计领域内知识，对于设计师的设计结果有很大概率产生误读，设计师与普通用户之间必然存在认知差异。这种认知差异包括对造型特征所携带的设计意图与认知解释之间的差异[20]，以及造型特征认知模式的差异。前者是对造型意义的认知差异，后者是认知范式的差异。换句话说，在汽车内饰中，这种认知差异的底层逻辑就表现为对汽车内饰空间特征的认知差异，汽车内饰的特征线与交界线则是汽车空间特征认知的途径。据此，为了探讨不同人群对汽车内饰空间特征的认知状况，本书特设置汽车内饰的空间特征认知实验，通过对实验数据的统计分析，研究普通用户和设计师对于汽车内饰空间特征的认知差异，提出了以下三个实验研究问题：

①设计师与普通用户对特征线与交界线识别总数是否存在差异性；
②普通用户对特征线与交界线的识别是否存在差异性；
③设计师对特征线与交界线的识别是否存在差异性。

3.3.1 实验设计

参试人员：实验参与者包括36位拥有汽车内饰设计知识背景的设计师以及45位普通用户。表3-1为参加实验人员的职业、年龄等基本情况，在所有的参试人员中，年龄最小者为21岁，受教育程度均有大专以上学历。

样本选择和观测角度：实验样本的选取范围为豪华车、SUV以及跑车三种类别。这三种类别的车型之间差异明显，各品牌产品定位清晰，样本差异度大，有利于排除由于产品差异度不足所带来的数据失真。在各大汽车门户网站上，这三个类别的车型都有明确的定义以及相对应的资料库，且由于2017年各大车厂都推出了新一代车型，样本的新鲜度以及稳定度较好，因此本实验选定汽车之家网站中所展示三类车型中的2017年款车型作为实验对象。

从汽车内饰观测以及设计展示的角度来看，汽车内饰主要视角为俯视45°视角、正视视角以及Y0面基准角度（图3-6）。在这三个视角中，俯视45°视角主要展示包括部分座椅的内饰全景；正视视角主要展示完整的中控台以及方向盘；Y0面基准视角则重点展示汽车座椅及其内饰的人机布局。通过对各大汽车门户网站的汽车内饰图库来看，大部分内饰展示都以突出中控台和方向盘为主，大多以与正视视角或者相差不大的类似角度进行展示（图3-7），且此角度符合用户在使用汽车产品过程中的视觉认知。因此，在以下的实验中，为获得符合用户群体场景的更加可信的研究结果，以全景展示中控台和方向盘为主视角的汽车内饰图片作为实验样本，每个类别各取8个车款，共计24个样本。

表3-1 空间特征差异实验参加人员基本资料

类别	特征	人数	百分比（%）*
性别	男	51	63
	女	30	37
年龄分布	21~25	15	19
	26~35	38	47
	36~40	28	34
汽车设计专家	1~3年工作经验	8	10
	4~5年工作经验	11	14
	6年以上工作经验	5	6
汽车设计新手	汽车造型设计方向研究生	12	15

注：*占参试总人数（81人）百分比。

(a)俯视45°视角　　　　　　　　(b)正视视角　　　　　　　　(c)Y0基准视角

图3-6　汽车内饰的主要视角（图片来源：自摄）

图3-7　全景展示中控台和方向盘的角度（图片来源：汽车之家官网）

为了使样本尽可能地排除图面干扰，将全部实验对象在图像处理软件中进行去色，并且将含有周围环境的部分如车窗外的景象等带有暗示性质的元素排除在外，将这些区域以纯白色覆盖（图3-8）。

图3-8　实验样本处理（图片来源：自摄）

3.3.2 实验流程

将24个实验样本随机排列,在Wacom手绘屏上依次向参试者展示。要求参试者使用与手绘屏配套的电子笔对汽车内饰的造型元素(即特征线以及交界线,为方便描述,下文将特征线以及交界线总称为特征)进行描摹(图3-9),对参试者的描摹艺术水平不做限制。按照被描摹特征对象的先后顺序进行数字标注,以便于计算总特征数量。同时数字的先后顺序,从侧面反映出与数字序号相对应的特征线或交界线对汽车内饰整体造型识别贡献度的强弱。

对单个实验样本的特征描摹数量不设上限,以参试者进行穷举为准。为了提高实验的准确性,当被测者看到实验样本时,要求依据自己的直觉以最快的速度对汽车内饰空间特征进行标注。交界线用红色标注,特征线则用蓝色标注,图3-10为实验完成后依据实验实图进行整理后的实验样本。由于参试者的专业背景不同,对实验设备熟练程度不一,描摹水平也有差异,为防因此原因对特征的识别产生影响,同时为了最大程度上消除参试者对某一实验对象进行过长时间判断所带来的实验数据失真,先以其他与此实验无关的汽车内饰图片样本对两组部分成员(普通用户组6人、设计师组6人,共计12人)进行设备熟练程度与描摹水平的测试,并对参试者对于每个样本的评价时间进行统计,最后得出对于单一样本的评价完成时间:设计师平均不超过1min,普通用户不超过100s。在正式的实验过程中,每张图的评价时间严格控制在上述时间内,若超过此时间则跳过当前测试样本,由笔者强制导入下一个样本进行测试,但仍保留跳过的测试样本结果。

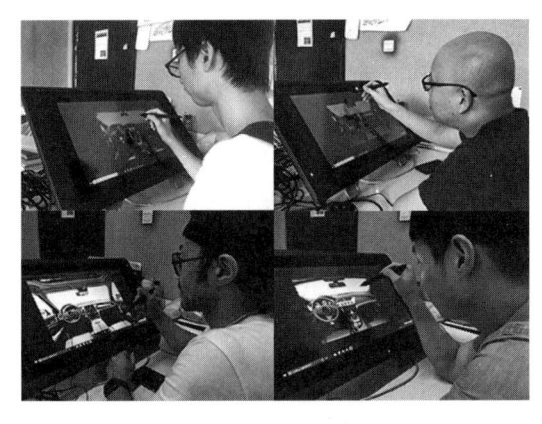

图3-9 实验对象描摹(图片来源:自摄)

图3-10 依据实验实图整理的实验样本(图片来源:自摄)

3.3.3 汽车内饰特征线与交界线识别认知的差异性分析

（1）特征线与交界线识别总数的差异性分析

实验结束后共收回实验结果81份，其中普通用户组的实验结果45份，设计师组实验结果36份，81份结果全部有效。将设计师组与普通用户组的实验结果数据分别进行处理。对汽车内饰交界线与特征线的识别总数进行分析（以下简称总特征数），经实验结果统计，两个组所识别的总特征数为6492个，其中普通用户组为3551个，设计师组织为2941个。

采用t检测方法对数据进行显著性差异分析以研究两个组别之间的认知差异。为了方便统计实验结果，将普通用户随机分为三个组，每组15人；专家组随机分为3组，每组10人。在进行t检验显著性差异分析[21]之前，为了检测是否有数据存在奇异值而导致数据无效，预先采用Q检验法对所有组别数据进行检验，各组别对交界线与特征线的识别在总特征识别中所占百分数列于表3-2。Q计算值列于表3-2需检验的每组数据的括号内。选定置信度为95%，经查表$Q_{0.95,3}=0.97$，不存在具有奇异值的数据，所有的数据均可保留。

表3-2中A行的数据为设计师三个小组和普通用户三个小组识别的交界线和特征线个数在普通用户和设计师总的识别数中所占百分数。由表3-2中A行数据计算得到其平均值和标准偏差，得出合并方差$S=1.05$，$t=2.19$；查表，采用95%的置信度时，$t_{0.05,4}=2.78$，$t<t_{0.05}$。结果表明，普通用户和设计师组之间没有显著性差异。即对于内饰特征的识别，普通用户和设计师组之间，信息获取的总量并没有因为专业背景的差异出现较大的差异。因此可以认为在两个用户群体之间，对内饰总的特征识别的数量几乎一致，不存在显著的认知差异。这表明，对于汽车内饰的造型信息的总获取量而言，设计师和普通用户是基本一致的。

表3-2 设计师组和普通用户组对汽车内饰特征线和交界线识别（Q检测）

组别	设计师组			普通用户组		
	第一组	第二组	第三组	第一组	第二组	第三组
A	14.96（0.40）	15.08	15.26（0.60）	17.27（0.08）	19.93（0.91）	17.50（总特征）
B	16.97	17.38（0.84）	16.89（0.16）	21.43（0.32）	24.89（0.68）	22.53（特征线）
C	16.05	15.91（0.16）	16.80（0.84）	10.14	11.55（0.67）	9.46（0.33）（交界线）

(2)设计师与普通用户对内饰特征线及交界线认知的差异性分析

在内饰的特征线与交界线识别方面,普通用户组共识别交界线1106个(三个小组识别数分别为360、410、336个),特征线识别2445个(三个小组识别数分别为761、884、800个),分别占所有特征识别数的31.2%与68.8%。设计师组方面,交界线识别数为1434个(三个小组识别数分别为472、468、494个),特征线识别数为1507个(三个小组识别数分别为499、511、497个),分别占总识别特征数的48.8%和51.2%。设计师组和用户组识别的特征数和交界线数分别在他们各组识别的特征线和交界线总数中所占百分数列于表3-2中的B和C行,B行对应被识别的特征数据,C行对应特征线。由表1中B和C行数据计算得到其平均值、标准偏差、合并方差以及 t 值,结果见表3-3。

表3-3 设计师组和普通用户组对汽车内饰的特征线及交界线认知差异

统计	特征线	设计师组	交界线	特征线	用户组	交界线
平均值	17.08		16.25	22.95		10.38
标准偏差s	0.203		0.479	1.768		1.066
合并方差S		0.368			1.46	
t 值		0.249			12.4	
$t_{0.05, 4}$ 结果		2.78 $t < t_{0.05, 4}$ 不存在显著性差异			2.78 $t > t_{0.05, 4}$ 存在显著性差异	

由表3-3可知,取置信度为95%,普通用户组 $t > t_{0.05, 4}$,表明该组对交界线与特征线的识别存在显著性差异。即普通用户组识别汽车内饰的特征线比交界线更容易。可以认为内饰造型中的特征线为普通用户对汽车内饰认知的主要元素,而对交界线的认知不敏感。

对设计师组而言,计算得到 $t < t_{0.05, 4}$,表明该组对特征线与交界线的识别不存在显著性差异。因而得知,设计师组对于这二者的认知几乎无差别。

由此可见,在汽车内饰造型元素的认知过程中,普通用户对造型特征的认知偏向于对特征线的认知,而设计师则对特征线与交界线的认知没有明显倾向。而这种倾向,是由于两组用户专业知识的差异所导致。

通过以上实验结果分析得出以下结论:

① 设计师与普通用户关于内饰造型信息的总量获取基本一致,不存在显著差异;

②普通用户对特征线识别敏感，对交界线的识别不敏感；
③设计师对特征线和交界线的识别都具有几乎相同的敏感性。

3.3.4 汽车内饰空间特征的识别模型与造型风格

依据汽车内饰特征线与交界线认知差异实验结果，结合普通用户和设计师对于汽车内饰空间特征的认知差异三个问题的结论，构建汽车内饰空间特征（Feature）的识别模型（图3-11），此模型表征了普通用户和设计师在汽车内饰空间特征识别路径选择上所表现出的不同倾向。设计师（Designer）由于对特征与特征线的认知没有表现出明显差异，是一种强认知关系，在模型中以实线表示；普通用户（Users）则由于特征与特征线的认知表现出差异性，且对于特征线的认知明显弱于特征，因此对于特征线的认知是一种弱认知的关系，在模型中以虚线表示。由此模型可以看出，通过特征线的识别对汽车内饰造型特征进行认知是设计师的专门知识之一，是一种高维的认知，需要设计领域内相关的知识储备；而普通用户往往缺乏这些专业知识，因此在设计中基于高维认知生成的特征是导致普通用户对设计师的设计意图产生误读的因素之一。

特征是造型风格的表征载体[22]，造型风格是特征的视觉表征。风格是同种认知结构在异类设计物中表现出的认知的一致性[23]。造型风格是产品认知的一个重要因素，汽车内饰特征的识别模式本质上是汽车内饰特征造型风格基层认知路径的表征。换句话说，汽车内饰特征是汽车内饰造型风格的载体，设计师和用户分别依靠自己的背景

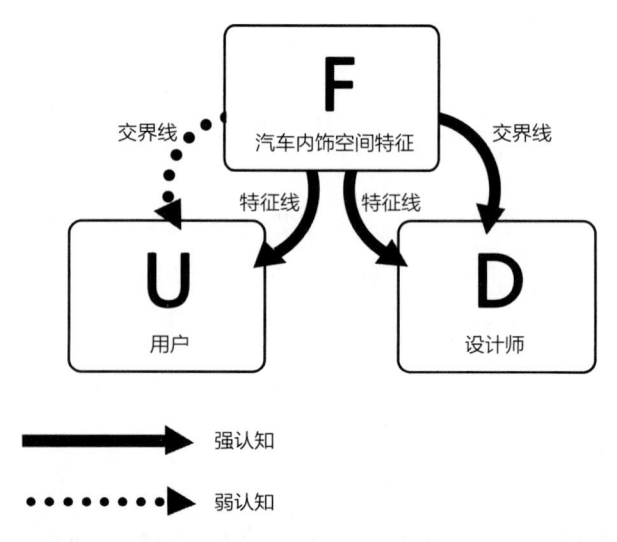

图3-11 普通用户与设计师对汽车内饰空间特征识别模型（图片来源：自绘）

知识、选择符合自己认知习惯的风格载体，对汽车内饰造型风格进行认知。设计师能较轻松地从特征线和交界线获取汽车内饰造型风格信息；普通用户则较难通过交界线获取所包含的设计风格信息。

然而，在实际的汽车内饰设计过程中，设计师通常会将依据自己的认知习惯选择一种认知路径将设计意图投射其中，最显著的表现就是设计师在设计初期的草图设计中，主要采取"线"的方式来表达设计意图。"以线表形"，在设计过程中，是设计师对设计思维进行的有意识的表达方式。在汽车内饰设计中，"线"指的是交界线；在设计结果中，则是设计师对设计意图认知渠道进行的无意识设置。因此，在汽车内饰设计中，对于用户而言，汽车内饰空间特征认知渠道是保证汽车内饰空间造型风格被正确认知的重要因素。在此，通过湖南大学汽车国家重点实验室的"艾盛电动车内饰概念造型设计项目"设计方案来阐述此认知差异在具体设计过程中的体现，以及在设计迭代中针对这一问题所采取的应对策略。

该项目设计方案一共进行了三轮迭代（图3-12）。由于设计对象为电动汽车，为了有别于传统汽车内饰，项目组确定了以"科技感"为总设计概念。在这里"科技感"是对于汽车内饰空间的整体描述而非单一内饰特征的描述。依据总设计概念，在第一轮方案设计中，设计师选择了若干具有未来感的具体形象作为设计意向辅助，用"线"来解读造型意象所携带的造型风格（图3-13）。针对第一轮方案的概念设计草图，委托方认为方案对于未来感的表达较弱，这显然是因为缺乏相关设计知识的委托方难以认知设计师欲传达的设计意图。从第二轮的设计方案草图来看，设计方案突出了整体的造型意象，主要以整体闭合的形态组合作为设计要素，即采用特征线的表达方式。在这一轮设计方案评审中，委托方对于设计方案的认知解释明显好于第一轮。因此，在第三轮设计中，设计师通过采用更为合适的新的造型意象取代原有的造型意象，在此轮设计的基础上完善了最终设计。

通过此设计案例并结合3.2.1小节的史料研究，可以发现，对于汽车内饰空间特征线与交界线的认知，本质上是视觉层面对于汽车内饰空间的认知路径。普通用户较难由抽象的交界线对汽车内饰产生空间感的联想，导致对空间感知较弱；倾向于通过各内饰部件形态外轮廓线即特征线的感知，进而构建对汽车内饰空间的认知。对设计师而言，经由对内饰空间特征线与交界线的认知能较准确地对汽车内饰空间进行把握。究其原因，可能有以下两点：①从历史沿革来看，由于汽车的内饰空间是由汽车内饰部件从功能主导逐渐向空间主导过渡，因此对于普通用户而言，汽车内饰空间信息的

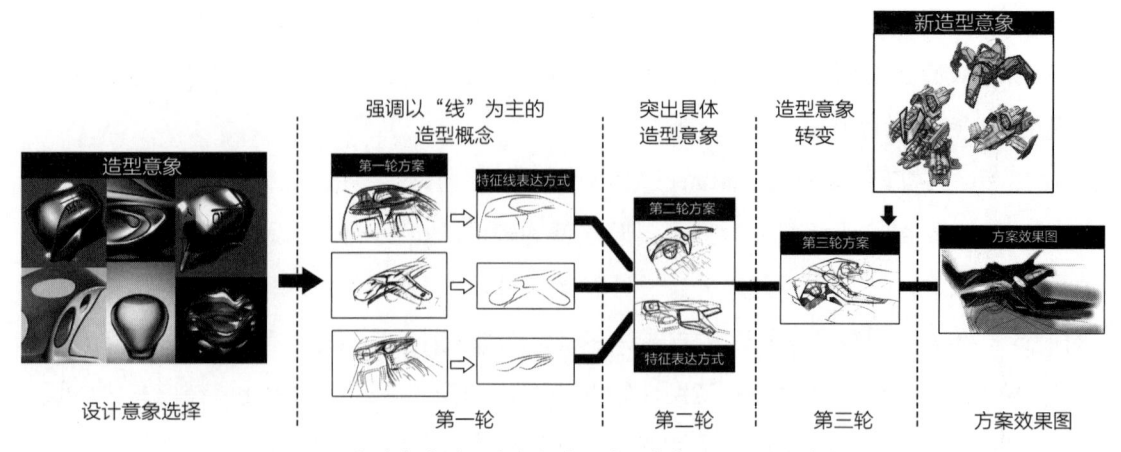

图3-12 电动车造型设计迭代过程（图片来源：团队方案）

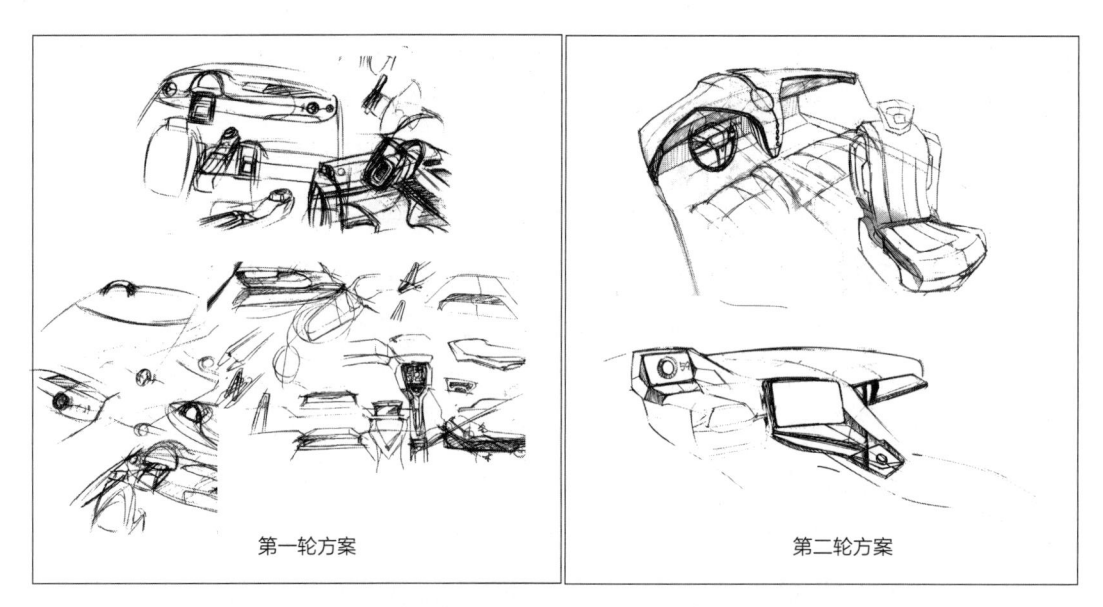

图3-13 两轮设计方案（部分）对比方案（图片来源：团队方案）

载体实际上是包含于汽车内饰的部件特征中，这些特征的外轮廓即特征线就成为主要认知途径；②"线"是设计师空间设计表达的主要图形语言，在设计草图中，汽车内饰空间特征的表现实际上是由若干相关的"线"来进行表达，而这些"线"虽然并不仅指代交界线，但是就设计信息解读而言，其解读难度与所需的背景知识和交界线是一致的，是设计师表达汽车内饰空间设计意图的载体。同时，这种认知差异与第2章所提及的访谈调研结果：相较于设计师，普通用户的认知方式倾向于"单个列举"；而设计师则倾向于"多重归纳"也是相吻合的。

需要指出的是，此研究并未在具体设计过程中强调特征和特征线的设计手法具有优劣之分，也无意指出何种造型概念意向图更适合设计思维发散，而是揭示设计师与普通用户对于风格认知的规律，在设计活动中为设计师提供一个有实际意义的参考。

3.4 汽车内饰的空间特征设计

3.4.1 内饰空间特征属性

汽车内饰空间特征的认知与空间的认知有紧密关联。有研究者认为，对空间的认知除了对空间方位、深度、形态等客观性因素的认知外，也包含对空间感受等主观性因素的认知[24]。人们的行为习惯、感官刺激以及情感反馈决定了人造空间最终形态所呈现的特征以及人们对其产生的认知[25, 26]。这些研究表明，对于人造空间属性的认知是一种基于空间中的物（特征）的认知，汽车内饰空间中的各个部件形态是空间特征的外在表现，是感知汽车内饰空间的直观途径。汽车内饰是一个具有空间特征的产品，即"产品空间"受产品一般属性所约束，产品形态、特征等反映了产品的属性[27]。

对于产品属性问题，克鲁森（Creusen）[28]等提出面向用户认知的六个不同的产品属性角色：美学信息、符号化信息、功能信息、人机工程信息、注意力吸引以及产品类别。对这六个属性进行进一步研究可以发现，美学信息和符号化信息与造型属性相关[29]，而功能信息和人机信息则与功能属性相关，注意力吸引和产品类别实际上是人对于产品意义的反馈。据此，可以将产品属性认知归纳为造型属性、功能属性以及意义属性三个层面。克鲁森（Creusen）针对产品的外形与这六个产品属性角色的关系做了进一步说明：产品的外观包含除了提供针对用户的美学和符号价值、传递功能特征，并且传达产品的品质感和易用性之外，它还能引起用户的注意以及影响产品的归类。因此，产品的形态可以对产品属性进行"释义"，回溯到汽车内饰空间，空间各部件形态及其整体空间特征是汽车内饰空间的意义表征。

产品属性还体现在产品的使用价值和用户体验上，布鲁纳（Robert Brunner）[30]等人认为产品属性如产品外观、功能实现、人机工程的优良程度、产品的格调档次，甚至产品发出的声音都隶属于用户体验。因此，产品属性认知发生于用户对于产品的体验的过程之中。作为用户体验一个重要的考量标准，产品使用性在人机工程学的领域中得以体现[31]。用户满意度可采用可用性（Useabillity）来定义，可用性既是客观的，也是主观的；在 ISO 9241-210[32]中将可用性的概念通过对用户个人目标的角度重新解释而得到了扩展，其中用户个人目标包括感知和情感方面，产品的使用性实际上就是描述人与产品之间交互的关系，也是用户体验研究中的重要对象。哈森匹尔（Hassenzahl）[33]认为产品与人的交互必须要贯穿于整个用户体验过程之中，而普希罗（Pucillo）[34]则认为用户通过产品所产生的各种情绪行为和反应很大一部分都是直接依赖于用户的感知，而非来自产品本身的属性。为了探究产品属性对于用户感知影响，弗兰西斯科直接用产品特征分类作为用户产品属性分类来研究用户体验。从这个角度来说，产品特征与其属性是共通的，产品属性可以由产品特征来表征。

特征是空间属性的表征，而造型则是特征具体呈现的方式，用户通过视觉感知特征的具体形态。换句话说，"特征决定了空间的属性，形态决定了空间特征呈现方式。"

3.4.2 汽车内饰的空间设计驱动要素

通过前文对汽车内饰特征历史发展的研究表明，汽车内饰的发展首先需要满足功能需求，技术创新驱动汽车内饰空间特征更迭，内饰设计从功能性主导过渡到功能性和空间特性并重。随着新技术的发展，一些新的汽车内饰特征开始出现，这些空间特征提供了与以往不同的新的感官体验和认知，这是基于技术进步出现的新的认知类型。

对于产品设计，维理泽（Veryzer）和莫佐塔（Mozota）[35]将产品类型分为合适的产品（Appropriateness Product）以及优秀的产品（Superior Product），依据产品生成方式和类型的不同而进行设计。乌理奇（Urich）和艾品格（Eppinger）[36]将产品设计生成方式的种类归结为三种：用户需求驱动的设计、技术进步驱动的设计及用户需求与技术共同作用的设计；进一步地，他们提出产品的发展进步由用户需求以及技术驱动所影响。随着时代的发展，用户需求逐渐走向主导位置，卡尔松（Karlsson）及其合作者[37]指出以用户为中心的设计逐渐在产品设计过程中扮演着决定性的角色，而技术则成为满足用户需求的应用手段。随着汽车产品的人格属性化以及汽车产品受众人群的细分化，以满足特定人群的需求为产品设计目标的现象日趋明显，在汽车功能日渐趋同的情况下，美学逐渐成为了满足用户需求的主要手段。罗伯特·克雷

（Rober Clay）[38]在设计之美中提到造型风格往往以内饰的颜色、造型特征以及材质关系等形式来呈现。汽车自其诞生之日起，就被赋予了人类的审美取向[39]。曹骏陶[40]对汽车内饰颜色进行了系统分析，并且将其应用于构建日产帕拉丁运动版内饰色彩的实际项目中。谢家伟和赵江洪[41]对电动车内饰造型风格的历史沿革进行梳理，提出了电动汽车内饰的风格层次结构。这些学者们所研究的对象即是汽车内饰空间中的造型元素，内饰造型元素决定了内饰以何种具体形式出现在用户面前，进而被用户所感知。

新技术催生一切新产品的产生，这些新产品又将成为新的造型原型[42]，产生新的造型特征。满足市场需要，引入新技术，也是汽车内饰空间设计发展的必由之路。拉姆皮诺（Rampino）[43]对产品设计中众多设计要素进行研究，经过归纳、提炼，提出三种创新（造型、技术、使用模式创新）驱动模式；并且将三种创新驱动的创新结果细分为四个类别（图3-14）：美学创新、使用方式创新、意义创新以及类别创新，基于此构建产品设计创新金字塔模型。美学创新指的是对于产品的外形如颜色、形状、尺寸以及比例大小等与产品外形属性相关联的创新；使用方式创新指的是产品使用方式的改变以及相对于已有同类产品的功能增加的创新；而这两者的发生实际上往往同时发生，因此拉姆皮诺（Rampino）将这两者归类为一个层级。意义创新可以视作提升产品的情感化体验的创新。从感官体验而言，除了美学创新和使用方式创新与形态、功能改变是一一对应之外，类别创新和意义创新都包含形态和功能的双重改变；对于

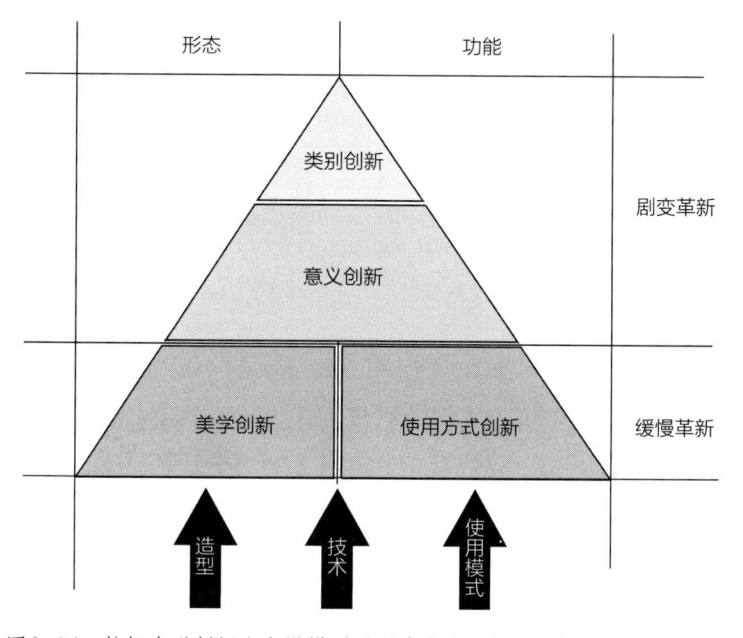

图3-14 拉姆皮诺创新金字塔模型（图片来源：依据文献[162]整理绘制）

创新迭代速率而言，美学创新和使用方式创新属于缓慢革新，类别创新和意义创新则属于巨变革新。拉姆皮诺（Rampino）创新金字塔模型不但是一种产品创新现象与方法的描述，也是一种对于产品类别的归纳方法，而所谓的创新实际上是一种产品生成模式的描述。

汽车内饰空间的演变从宏观来看是各个汽车内饰部件特征共同演变而导致的结果；微观上看，则是汽车内饰部件通过设计迭代所产生的结果，本质上也是一种产品迭代（图3-15）。因此，拉姆皮诺的金字塔模型也可用来对汽车内饰的空间特征生成进行归纳。从历史的发展角度来看，汽车萌芽时期，1908年布里夏（Brixia Zust）的方向盘对于1858年里克特汽车（Ricktte's Vehicle）的杆式方向操纵结构而言是一个明显的使用方式改变。稍后的奔驰540K（BENZ540K）采用金属材料制作方向盘，表达了美学定位。为了传达豪华车的定义，劳斯莱斯幻影内饰顶篷采用了星光设计。在当今信息化时代，显示屏已经作为信息传递的主要媒介。作为首款量产新能源汽车的特斯拉Modle X，中控采用信息显示屏以取代传统汽车的中控操纵模块，这实际上是一种中控特征类别的改变。由此可见，内饰空间特征的生成与发展与拉姆皮诺（Rampino）提出的模式相契合。此模型可以作为解释汽车内饰特征生成的一个路径；汽车内饰空间设计的演变则是在此模式下各个内饰部件的多次更迭而共同产生的结果。

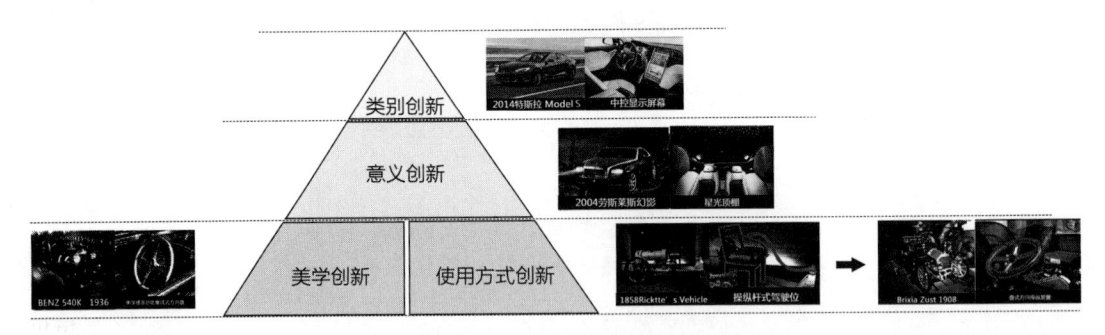

图3-15 拉姆皮诺创新金字塔模型与汽车内饰空间特征对应关系（图片来源：自绘）

3.4.3 汽车内饰空间特征推演模型

基于上述分析可以发现汽车内饰空间特征的变迁，新的造型特征出现都存在于创新结果的三个层级之中。随着汽车工业的发展，汽车内饰空间造型设计中可能出现的所有设计要素都可以归纳到上述的审美/功能需求、意义和类型三个集合以及它们的交集中，即美学与功能需求集合、意义集合与类型集合，以及这些集合的交集。实际上这三种集合也是一种特征的"原型库"，随着造型的迭代，以前成功的汽车内饰空间特征将会出现在对应的集合中，例如在汽车历史上曾经出现过的为大众所接受的能表征某种特定含义的特征。在此特别需要指出的是，这个原型库的意义不但指某种确定的汽车内饰空间特征形态，同时还包含这三个集合表意的其他领域的造型意象。在设计实际中，可以在此原型库中进行造型意象检索，设计师依据设计需求确定设计特征，进行"有目标"的意象选择，较快速准确地选择合适的造型意象辅助设计。综上所述，结合拉姆皮诺（Rampino）的模式提出汽车内饰空间特征推演模型（图3-16）。

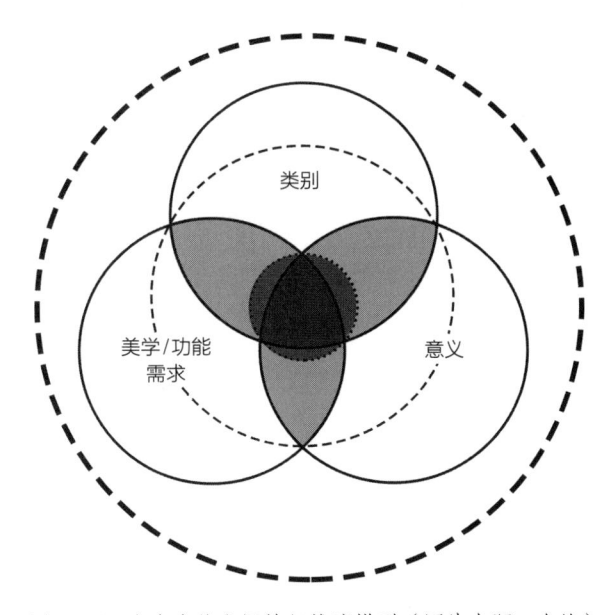

图3-16　汽车内饰空间特征推演模型（图片来源：自绘）

回溯汽车内饰的发展，有一些特征并不是单纯地属于某一类别，而是处于集合的交集之中，例如前文提到的特斯拉Modle S，其显示屏式中控，不但是一种新的特征类别，也提供了一种新的使用方式。因此，各个集合的交叉可以辅助设计师进行更为复杂的选择。虽然在很长一段时间内，汽车内饰的设计工作都是由汽车工程师而非专业设计师完成，是在一种朴素的产品设计状态下进行设计，但就是这样的设计状况对后续的设计迭代提供了可信的汽车造型特征。下文通过实际设计案例对汽车内饰空间特征推衍模型的应用进行说明。

在"E200电动车内饰设计"项目中，甲方要求设计方案与传统汽车内饰设计有较大区别。传统的电动车内饰，功能性的要求是放在第一位的，这导致了电动车内饰严重同质化。为了使设计与同类型产品产生差异，项目组决定采取凸显科技感作为设计重点，将中控台作为重要的设计区域，高科技特征成为驾驶舱设计的标志。

在项目设计过程中，首先确定在汽车内饰空间特征推衍模型的三个基本设计元素集合中，选择意义和美学集合这两个子集是作为造型元素生成区间的。根据设计要求，设计元素应当产生于意义集合中，对造型集合中的元素进行检索，选取显示屏这一在轿车领域使用的造型元素作为设计重点。显示屏集中显示各种数据是当今汽车内饰设计的主流趋势，也是体现科技感设计的重要手段。为了配合显示屏这一造型要素，对整个中控部分，采用轿车中"流线型"中控造型设计，为了使显示屏的区域尽量不受结构干扰，适应更大的显示屏尺寸，将功能按钮精简，将一部分功能集成于显示屏上，使操作方式简化。最终设计结果（图3-17）体现了美学/功能需求与意义表达的造型要素；此设计方案传达出较强的高科技内饰空间特征，传达出轿车化内饰的设计感觉，达到了甲方设计要求。

从以上设计实践来看，汽车内饰空间特征推衍模型在设计中为设计师提供的是一个设计的解决域的范畴，而并非唯一解的标准，属于设计解域的定义工具。需要指出的是，在设计实践中采用此工具并不是提供一个规则让设计师提出一个具体的造型，而是从造型意义的范畴给予设计师一个造型刺激（Styling stimulation），从而辅助设计师把握符合当前设计实践要求的造型方向；涉及具体造型的呈现则需要依赖设计师个人的设计经验，属于设计师的个人风格表达。

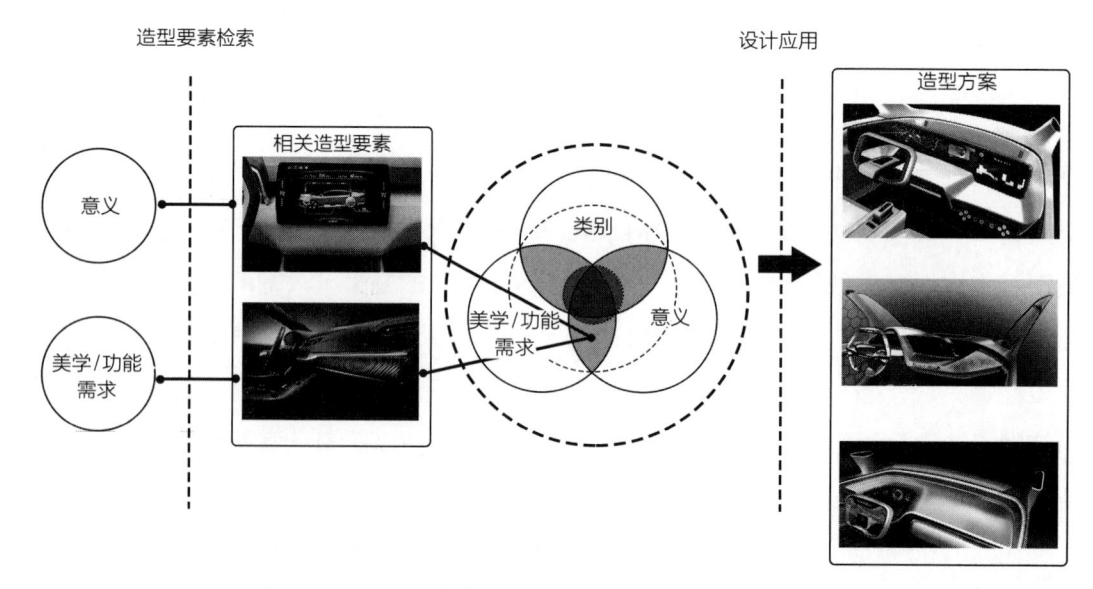

图3-17 E200电动车内饰概念设计（图片来源：项目组方案）

本章参考文献

[1] 张祖耀，朱媛. 基于形态特征分析的产品设计研究[J]. 现代装饰（理论），2013(9)：98-98.

[2] BORGIANNI Y, CASCINI G, PUCILLO F, et al. Supporting product design by anticipating the success chances of new value profiles [J]. Computers in Industry, 2013, 64(4)：421-435.

[3] 李汇滨. 基于用户认知的产品特征关联设计研究[D]. 长沙：湖南大学，2008：3-4.

[4] KARLSSON B S A, ARONSSON N, SVENSSON K A. Using semantic environment description as a tool to evaluate car interiors [J]. Ergonomics, 2003, 46(13/14)：1408-1422.

[5] 赵丹华，顾方舟. 中国重汽卡车设计的内饰感知评价与设计品质提升[J]. 包装工程，2017(24)：37-42.

[6] 尹彦青，赵丹华，谭征宇. 汽车内饰品质感的感知模态研究[J]. 包装工程，2016, 37(20)：35-40.

[7] JINDO T, HIRASAGO K. Application studies to car interior of Kansei engineering [J]. International Journal of Industrial Ergonomics, 1997, 19(2)：105-114.

[8] LEDER H, CARBON C C. Dimensions in appreciation of car interior design [J]. Applied Cognitive Psychology, 2005(19)：603-618.

[9] 赵丹华. 汽车造型的设计意图和认知解释[D]. 长沙：湖南大学，2013：41-49.

[10] HOSSOY I, PAPALAMBROS P, AITKEN T. J. Modeling customer perceptions of craftsmanship in vehicle interior design [C]. Lausanne, Switzerland：Proceedings of the TMCE, 2004.

[11] 江凌. 抓住特征说明事物[J]. 南京：南京师范大学文学院学报，1999(9)：32-33.

[12] 朱丹墨，陆洋，徐鑫，等. 基于特征语义的汽车原型快速生成方法[J]. 系统仿真学报，2013, 25(9)：1990-1995.

[13] 周文治，赵江洪. 工程驱动的汽车造型特征设计[J]. 包装工程，2017(12)：141-144.

[14] DEMIRBILEK O, SENER B. Product design, semantics and emotional response [J]. Ergonomics, 2003, 46(13-14)：1346-1360.

[15] PETIOT J F, YANNOU B. Measuring consumer perception for a better comprehension, specification and assessment of product semantics [J].

International Journal of Industrial Ergonomics, 2004(33): 507-525.

[16] KARLSSON B S A, ARONSSON N, SVENSSON K A. Using semantic environment description as a tool to evaluate car interiors [J]. Ergonomics, 2003, 46(13/14): 1408-1422.

[17] 赵丹华, 赵江洪. 汽车造型特征与特征线[J]. 包装工程, 2007, 28(3): 115-117.

[18] 孙虎. 基于车身侧视线条分析的汽车造型设计研究[J]. 机械设计, 2018, 35(1): 125-128.

[19] 周文治. 汽车造型情感设计的要素与方法[D]. 长沙: 湖南大学, 2017: 26.

[20] 赵丹华. 汽车造型的设计意图和认知解释[D]. 长沙: 湖南大学, 2013: 41-49.

[21] 里斯. 数理统计与数据分析[M]. 3版. 田金方, 译. 北京: 机械工业出版社, 2011: 133-136.

[22] CHAN C S. Can style be measured? [J]. Design Study, 2000, 21(3): 277-291.

[23] CHAN C S. A cognition theory of style [J]. Environment and planning B: Planning and design, 1995(22): 461-474.

[24] 刘珊. 造型艺术空间论[D]. 苏州: 苏州大学, 2010: 2-4.

[25] SACK R D. Conceptions of space in social thought. A geographic perspective [J]. Journal of Historical Geography, 1983, 9(1): 101-102.

[26] TREISMAN A. Feature binding, attention and object perception [J]. Philos Trans R Soc Lond B Biol Sci. 1998, 353(1373): 295-306.

[27] PARK C W, MILBERG S, LAWSON R. Evaluation of brand extensions: The role of product feature similarity and brand concept consistency [J]. Journal of Consumer Research, 1991, 18(2): 185-193.

[28] CREUSEN M E H, SCHOORMANS. J P L. The different roles of product appearance in consumer choice [J]. Journal of Product Innovation Management, 2010, 22(1): 63-81.

[29] GHANI R, PROBST K, LIU Y, et al. Text mining for product attribute extraction [J]. ACM SIGKDD Explorations Newsletter, 2006(8): 41-48.

[30] BRUNNER R, EMERY S, HALL R. Do you matter: how great design will Make people love your company[M]. New Tersey: FT Press, 2010.

[31] ISO 9241-11(1996). ISO 9241. Ergonomic requirements for office work with visual display terminals (VDTs) e Part 11: Guidance on usability. Switzerland: International Organization for Standardization (ISO).

[32] ISO 9241-210 (20107). Ergonomics of human system interaction-Part 210: Human-centred design for interactive systems (formerly known as 13407). Switzerland: International Organization for Standardization (ISO7).

[33] HASSENZAHL M. The interplay of beauty, goodness and usability in the interactive products [J]. Human – computer interaction, 2004(19): 319-349.

[34] PUCILLO F, CASCINI G. A framework for user experience, needs and affordances [J]. Design Studies, 2014, 35(2): 160-179.

[35] VERYZER R W, MOZOTA B B D. The impact of user-oriented design on new product developmen: an examination of fundamental relationships [J]. Journal of Product Innovation Management, 2005, 22(2): 128-143.

[36] ULRICH K T, EPPINGER S D. Product design and development [M]. New York: McGraw-Hill Education, 2003: 2-16.

[37] KARLSSON B S A, ARONSSON N, SVENSSON K A. Using semantic environment description as a tool to evaluate car interiors [J]. Ergonomics, 2003, 46(13/14): 1408-1422.

[38] CLAY R. Beautiful thing: An introduction to design [M]. Oxford: Berg Publishers, 2009.

[39] POST R A G, BLIJLEVENS J, HEKKERT P P M. The influence of unity-in-variety on aesthetic appreciation of car interiors [C]. Japan: Proceedings of the 5th International Congress of International Association of Societies of Design Research "Consilience and Innovation in Design" (IASDR), 2013.

[40] 曹骏陶. 乘用车内饰情感化设计方法研究 [D]. 镇江：江苏大学, 2013.

[41] 谢家伟, 赵江洪. 风格是一种历史工具——电动汽车内饰设计风格的经典与趋势 [J]. 装饰, 2015(4): 96-98.

[42] GATIGNON H, XUEREB J M. Strategic orientation of the firm and new product performance [J]. Journal of Marketing Research, 1997, 34(1): 77-90.

[43] RAMPINO L. The innovation pyramid: A categorization of the innovation phenomenon in the product-design field [J]. International Journal of Design, 2011, 5(1): 3-16.

第 4 章

汽车内饰的空间布局与设计

4.1 概述

汽车内饰的空间布局是指汽车内饰部件的空间排布方式。汽车内饰的空间布局存在平面布局和空间布局两种基本的分析模式：平面布局采用俯视图方向，主要反映乘员（座椅）的分布等；空间布局主要反映乘坐空间（如腿部空间）等，通常以Y0面为基准。空间布局既是一种工程设计的概念，又是一种工业设计的概念。本章主要研究汽车内饰的空间布局与空间关系。

空间布局涉及空间艺术、空间视野、空间体验、空间交流等，对于具体空间而言，交流空间和私密空间的设置是空间布局的关键[1]。交流空间和私密空间本质上是人与空间相互作用而产生的一种带有社会属性的空间认知。罗杰·特兰西克（Roger Trancik）认为，充分利用有限空间，注重整体布局，避免孤立对待局部，才能真正创造出更大的空间价值[2]。汽车除了是一个一般工业产品之外，还具有强社会属性，汽车内饰空间布局与汽车内饰的交流空间和私密空间关系紧密，是汽车内空间设计的重要部分。在汽车内饰空间的众多元素中，座椅与人的关系最为密切，座椅是内饰空间布局的重点。在第2章中，"汽车内饰空间认知访谈调研"的结果显示，"座椅排布的方式"是影响汽车内饰人与空间关系的最重要因素。有学者研究了座椅人机效度以及排布朝向对人在汽车内饰中感受的影响，里德（Reed）及其同事[3]在实验室车辆模型中，研究了不同车型、座椅和人体测量变量对姿势的影响；通过研究发现，驾驶员主要通过肢体姿态的变化来适应车辆座椅几何结构的变化。这一研究表明，在汽车内饰中，人相对于汽车座椅并不是相对静止的，人的肢体为适应环境进行了运动；这一运动的内涵不仅使乘员获得驾驶便利以及乘坐舒适性，也为汽车内饰空间中乘员的交流提供了基础。值得一提的是，这一研究还为第2章汽车内饰空间关系模型中提及的运动空间的存在进行了佐证。皮洛（Piro）等人[4]则认为汽车座椅布局和靠背旋转影响人的乘坐舒适度、乘员之间的交流程度以及人的感受。通过试验发现，在同一方向的以0°、45°、90°和180°分别排列布置的座椅上，其中90°布置的座椅让乘员感觉舒适度和交流度最好。这一研究表明，除了座椅本身的物理以及形变属性，座椅间的相对位置也是影响人体验座椅舒适度的因素，此外还涉及乘员之间在汽车内饰空间中的交流。上述研究为汽车座椅对汽车内饰用户体验的影响提供了实验及理论支持；然而，对于座椅在整个汽车内饰空间中的布置是否影响到人对于汽车内饰空间的感受，并未涉及。本章的主要研究内容是座椅布局对人与汽车内饰空间的关系影响，侧重于流通性及私密性的影响。

4.2 空间布局

4.2.1 空间布局问题的提出

汽车内饰空间并非自然有形边界所围成的空间，而是一个人造空间。诺博格·舒尔茨（C. Norberg-Schulz）认为，任何人类的行为具有空间性[5]，需要一个精确定义的空间框架；空间框架的存在意义是将自然、人类以及精神现象，通过"空间秩序"和"空间特征"进行表征，这些意义又转化为空间形式，并由所包含的空间排布，即空间布局来表达。

"布局"在现代汉语中的定义为，对事物整体结构进行安排，也特指艺术和绘画的整体结构（构图）[6]。建筑空间可以完美和直观地体现布局的概念，意义包含建筑的空间和空间布局。空间布局实际上表达的是一种事物的"空间秩序"，秩序性本身也是一种美的表达方式。亚历山大·仲尼斯（A. Tzonis）等在著作《秩序的美学》中提出，空间各元素的布局形式和均衡性（Symmetry）反映了各个元素之间的关系，这一布局概念始终贯穿于古典主义建筑设计的审美精神中[7]。克里斯蒂安·诺伯格·舒尔茨更关注空间布局对于建筑意义、功能的影响，认为建筑是一种空间现象，使人有存在感[8]。在对于空间认知的问题上，帕萨古拉里（Pasaogullari）和多拉特利（Doratli）[9]研究认为，可达性和利用率是评估公共空间的物理和功能结构布局的因素。"如何把事物组织在一起是关键的",不同部分组合形成一个整体,远比其中任何部分单独存在的意义更为重要[10]。最关键的不是各个部分的具体尺寸,而是其相对尺度。

建筑学是一门博大精深的学科,对空间的探讨本身就是其求真的重要部分,因此本书不做赘述,从舒尔茨(C. Norberg-Schulz)和帕萨古拉里(Pasaogullari)对于建筑空间的主张角度相异,但都不约而同地从布局的角度阐述了问题:布局对于人造空间而言无论是从审美角度、功能角度还是意义角度都是一个重要的因素;进一步地可以认为人造空间的审美、功能和意义来源于布局。与大众熟悉的建筑领域比较,在汽车内饰空间造型设计的层面上,空间布局尚无一个比较统一的理论。不过无论从空间尺度,还是空间构成来说,汽车内饰空间契合于单一空间的尺度,因而汽车内饰造型设计中的布局指的就是汽车内饰空间中,各个内饰造型元素及其特征在空间中的排布方式。汽车内饰空间布局研究的是各部件的相对尺寸关系,是一种尺度的概念,一种非具体尺寸的拓扑关系。

4.2.2 空间布局与空间关系

如果将空间中的某一个单元(空间元素)看作是一个空间单位,整个空间就是由这样的多个小空间单位构成的。如果小空间单位是完整的,而且是有"意义"的,那么必然会面临空间布局这个问题。如同一套公寓的书房和餐厅,它们同样是由墙围合而构成的空间,而且无任何其他的空间结构,人们之所以能区分书房和餐厅,是由于空间中的物品(餐桌、书桌)和物品"陈设",使得两个空间产生了不同的认知。"陈设"可以理解为布置、安排、摆放、陈列、设备等含义。

空间"物"与"物"的关系构成了空间布局的基础。史澎涛[11]认为,人与空间的多层次沟通可以通过产品实现,产品的构成元素不同使得空间有着众多变化;产品与空间的关系就如"树枝与大树"的关系,产品是空间之树上的"枝叶"。没有产品,空间也就失去了实际意义。在日本的传统文化中,随着时节庆典意识以及生活方式的变换,在空间中摆放相应的家具,从而构成适宜的空间,这样的空间使用方法称为陈设[12]。可以认为物品、行为和空间均可作为文化传统载体相互关联,为形成并创作新的空间概念提供可能性。周子彦[13]研究发现沙发作为空间布局要素,存在几个代表性的布局,表示沙发对空间功能的塑造。由此可以看出,空间布局反映了空间独特的审美和文化感受,反映出了空间的意义内涵。空间布局形式是功能因素、技术因素和人文因素的外在反映，空间与空间元素的布局有着内在紧密关联，构成空间的设计"风格"或者"形式"。

汽车内饰空间中的内饰部件是一种"群组元素"，人的活动和行为实际上就是围绕着这些"群组元素"展开的。因此，"内饰部件"在空间中的排布方式扮演着重塑空间以及赋予空间功能和意义的作用。因此，"物"与空间的关系并非孤立或者拥有单向的从属关系，而是互相关联的。处于这种相互关联之中的人也受其感染。比尔·希利尔[14]认为，这种"物"与空间产生的关系实质上是一种"空间构形的表达"。

4.3 汽车内饰的空间布局研究及感知实验

4.3.1 汽车内饰空间布局的内涵

通过前文对空间布局以及陈设概念进行的分析，明确了空间布局实际上是空间审美、功能和意义的重要表征。虽然汽车内饰空间与建筑空间在形态和视觉上大相径庭，但是就其本质而言，汽车内饰空间也是一个人造空间，因此其内部的空间布局也左右着汽车内饰的呈现形态。汽车内饰空间布局包含两个层次：平面布局和空间布局。平面布局是空间布局的生成基础，而空间布局是人们对汽车内饰空间结构以及形态的直观感受。

汽车座舱中的人机工程总布置始于多个基准面（例如Y0面等）的平面布局，硬点（H点）工具是十分重要的参照和辅助工具，很多硬点的设定实际上多依赖设计师的经验而定，因此硬点的选择对汽车设计有着重要的指导意义[15]。针对不同的设计目的，硬点工具设置了诸多标准类型与之对应（表4-1），在汽车内饰设计空间布置中，以点工具和参考点作为汽车驾驶舱的人机布置的准绳，反映在单个视角的空间布局中座舱中的乘员的乘坐空间以及乘坐状态（图4-1）。它主要涉及的是一个工程上的层面的概念，也是工业设计领域的概念。本书主要以造型设计作为研究重点，对工程层面的问题不做过多的涉及。

表4-1 设计目的与标准类型(表格来源:整理自《汽车内饰设计概论》)

标准号	标准名称	内存简述
SAE J182a	车辆三维,参考坐标和基准标记	此标准描述了建立及确定整车三维参考坐标系的步骤及方法
SAE J287	驾驶员手控制及伸及范围	此标准描述了轿车、多用途车和轻中型载货汽车进行驾驶员座椅布置时,针对不同男/女比率设计的不同手操作控制伸及范围和位置
SAE J383	车辆座椅安全带的固定位置	此标准描述了安全带的固定位置,用于确定座椅总成在车内布置位置及安全带固定结构
SAE J826	H点装置及工具的设计过程及有关规定	此标准描述了H点安装置提供了实际进行车内乘员布置及测量的方法,此装置用于乘坐位置的布置设计和验证
SAE J902	轿车风窗玻璃除雾系统	此标准描述了评价轿车风窗玻璃除雾系统的车是程序和有关性能规定
SAE J903	轿车风窗玻璃刮水系统	此标准描述了评价轿车风窗玻璃刮水系统的测试程序和有关性能规定
SAE J941	车辆驾驶员眼睛位置	此标准用于确定车内驾驶员眼睛的位置及布置程序,三维眼椭圆模型表示驾驶员眼睛位置的分布比率
SAEJ1050	驾驶员视野的说明和测量	此标准用于确定车内驾驶员视野的确定和测量方法。包括三种确定直接视野、间接视野和视野的障碍区域的方法
SAEJ1052	车辆驾驶员及成员的头部位置	此标准描述了车内乘员头部位置及定位程序。头部位置轮廓用来确定适应的头部空间范围
SAEJ1100	车辆尺寸	此标准规定了一系列确定整车尺寸的测量标准和程序
SAE J1516	布置工具参考点	此标准描述了车内用于驾驶员操作空间布置的布置工具的参考线
SAE J1517	驾驶员可选的乘坐位置	此标准描述了在进行车内空间布置时驾驶员可选的乘坐位置,可用以确定特定的驾驶员比例以及可调座椅的水平位置范围

人的活动和行为围绕着空间中"物"的展开[16],在汽车内饰空间中,突出物占据汽车内饰的主要空间,包括乘员舱内部构件、操纵部件、顶盖、座椅靠背以及座椅后部零件,这些突出物又以座椅所占空间最大。乘员的活动范围主要围绕着座椅区域,因此,可以将座椅视为汽车内饰空间中人的基准的单位。

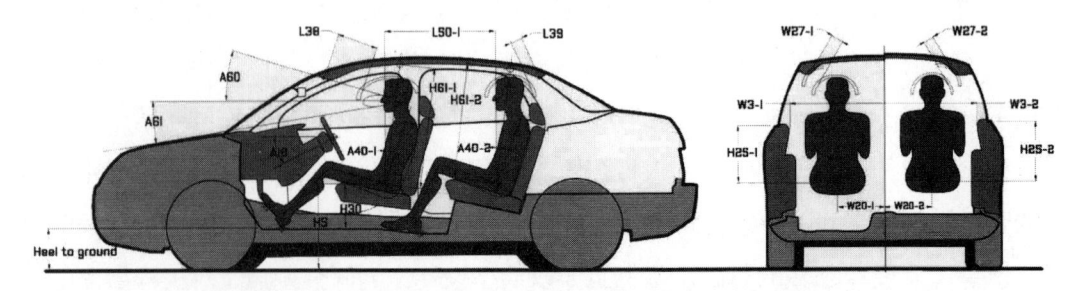

图4-1 以SAEJ1100为基准的座舱中的乘员的乘坐空间以及乘坐状态
(图片来源:《H-point The fundamentals of car design & packaging》)

4.3.2 汽车内饰的功能布局

汽车内饰的不同功能需求直接影响内饰空间布局，不同用途的汽车，内饰的布局设计不同。图4-2所示分别是轿车、卡车和房车的内饰空间实景图。由图可见，三种汽车的用途不完全相同，有学者将这类用途用"居住性"来表达[17, 18]，"居住性"是一种社会属性在人造空间中的表现。相对于轿车而言，卡车主要从事长途货运，行驶里程长，往往需要多名司乘人员才能满足驾驶需要。为节约成本或保证按时交货，司机们通常交替驾驶、轮流休息，甚至在车内生活数日。因而，在卡车内饰中加装了可以让司乘人员躺下休息的长躺椅子。至于房车的内饰，它集司乘人员的休息、车内办公等功能于内饰空间，是一种全居住性的汽车。房车内饰空间除了可以休息的座椅、床外，设计布局时，还需要考虑旅途办公的子系统，因此房车的内饰空间布局需要考虑更多的功能因素。总之，功能布局与造型之间紧密关联，受制于不同功能需求和使用场景。图4-2表明三种车型功能差异性明显导致功能布局差异性较大。

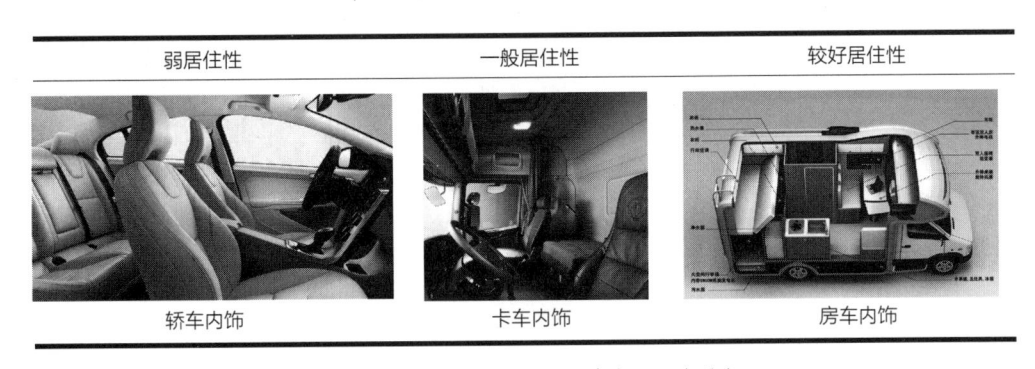

图4-2 三种车型内饰（图片来源：自绘）

汽车内饰的空间布局与空间表意在实际设计案例中的体现，可通过笔者全程参与的与中国重汽集团合作的"中国重汽HOWO中型卡车"设计项目进行说明。该设计项目是笔者所在实验室与中国重汽集团合作的HOWO中型卡车设计项目。作为设计单位之一，实验室参与并完成了包括项目调研、概念提出、草图绘制、效果图绘制、CAS模型以及油泥模型等设计阶段。该项目始于2015年7月，完成于2016年3月，耗时8个月。委托方在项目要求中提出把握中卡的使用人群需求，在内饰设计过程中，要凸显出中型卡车（以下简称中卡）的感觉，这种感觉的定义是与轻型卡车（以下简称轻卡）相对应的。通过相关经验借鉴，笔者所在研究小组曾在2012年完成的"中国重汽HOWO轻型卡车"设计项目中，针对轻卡的用户使用场景，采用用户访谈的方式进行了详细分析。轻卡主要目的是短途运输，以满足装载的需求为先，因此需要在空间布局上争取更大的储藏空间，取得较好设计效果。而在"HOWO中型卡车"设计中，为了明确中卡用户的使用场景，项目组采用跟车调研的方式对用户需求进行了研究，本次调研从郑州出发，到潼关结束，总耗时3天2夜，约60小时，获取了卡车内饰使用场景的完整资料（图4-3）。通过轻卡用户使用场景资料对比分析可以发现，由于中卡担任的运输任务时间较长，一般需要24小时不间断地在路上行驶，在驾驶过程中，乘员换班与休息的需求尤为凸显。因此，"居住性"是中卡内饰空间设计必须要考虑的问题，解决司乘人员在车厢内长期活动的需求。为了解决这一问题，中卡驾驶舱的设计中特别设置床以及大型储物箱，并且在设计的布局上强调乘员的休息区域。

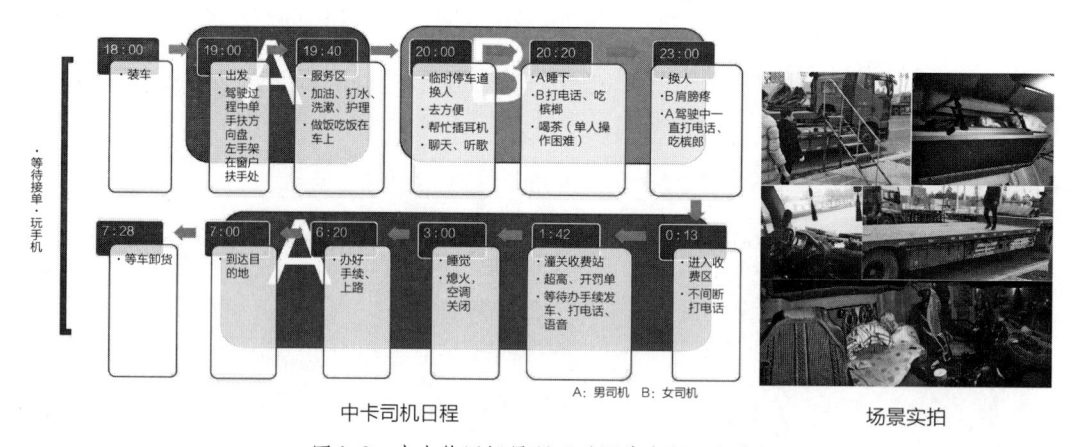

图4-3 中卡使用场景调研（图片来源：自绘）

从视觉角度来看，在造型层面上，通常中卡与轻卡的识别差异性并不显著。因此，要求设计中凸显与"轻卡化"的区别，本质上是如何在产品造型特征认知差异化较小的背景下，进行产品认知差异化设计求解。在项目设计第一阶段提出的"舒适空间"概念，是功能线索。本项目确定设计的主要目标是"具有中卡感觉的内饰空间，而非轻卡感觉的内饰空间"。这种差异性不仅通过部件的造型特征来反映，更是一种空间布局的差异性，承担着对于内饰空间的表意功能。空间布局的差异化是造型特征差异化之外的另一种产品认知路径。

在本书的第2章，通过汽车内饰空间认知访谈实验考察了影响人在汽车内饰空间中的感受以及人与人之间交流的最大因素是座椅和座椅布局。结合汽车即是汽车内饰的流通性和私密性，流通性反应的是汽车内饰空间中，空间位置之间可达性以及人与人之间交流的顺畅性；私密性则是指的汽车内饰空间中，空间赋予成员其他空间的隔离性，以及人与人之间交流的排他性。在HOWO中型卡车内饰设计前期跟车调研中，成员在卡车中进行的日常起居活动，本质上是将居住环境移植到车辆内饰之中，卡车内饰就带有生活居室的属性，流通性和私密性的体现不言而喻。而回溯历史，针对汽车发展历程来看，汽车内饰形制从早期功能主导期到过渡时期，空间的变化都围绕着流通性与私密性展开，例如在20世纪初，属于汽车内饰形制过渡期，是汽车工业萌芽时期，汽车还是属于奢侈品（图4-4）。伊索塔法拉奇尼（Isota Fraschini）为了凸显乘车人的私密性，将成员与司机隔离出来。意塔拉（Itala）则在此基础上为了增加成员之间的交流性，采取对置座椅排布方式。由此可见，流通性和私密性是贯穿于汽车内饰空间发展中空间评价的重要指标，而座椅的排布方式对于这两个指标有着直接影响。

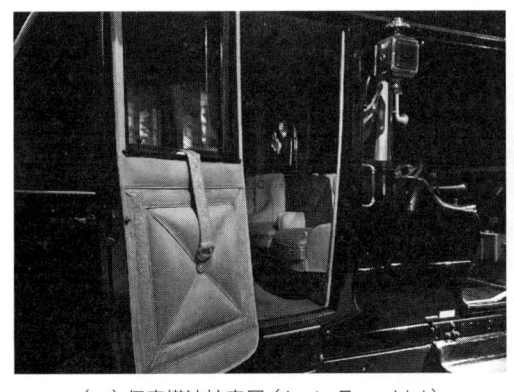

(a) 伊索塔法拉奇尼（Isota Fraschini） （b) 意塔拉（Itala）

图4-4 伊索塔法拉奇尼（Isota Fraschini）与意塔拉（Itala）内饰比较

汽车内饰中座椅范围是驾乘人的主要活动空间，座椅在汽车内饰空间中的分布直接反映了人对汽车内饰空间私密性与开放性、空间利用率、舒适度和享受感，以及流通性与阻滞性等心理感知，座椅的排布反映了汽车内饰中，人与空间以及人与人之间的关系。显然，汽车的座椅数量不同，人在内饰空间中流通性不同。对于具有相同座椅数的不同品牌汽车，座位的排布方式、朝向，及其座椅可否翻转或折叠也是影响汽车内饰空间布局的重要因素。针对这一问题，本书特设置"汽车内饰空间布局感知实验"，实验目的旨在通过不同人群对汽车内饰空间布局的认知，考察人们对不同空间布局的车型之间的空间感知差异。在第2章的"汽车内饰空间认知访谈实验"中，现场采用的汽车只有一辆轿车，汽车内饰空间认知访谈实验得到的结果对于不同车型的汽车是否适用也是"汽车内饰空间布局感知实验"的目的之一。此实验将为研究汽车内饰空间布局提供实验支持。

4.3.3 汽车内饰空间布局的感知实验

本实验采用网络问卷调研方法进行，共有96人参加实验。参加实验人员的职业、年龄等基本情况见表4-2（具有汽车设计背景的组别在下文中简称专家组，其余简称普通用户组）。在实验对象选择上，依以下三个条件进行考量：座椅数量差异；座椅位置差异；座椅朝向或者状态是否可以变化。选取目前市场上六种主流车型以及一种已经公布且成熟的概念车型作为实验对象。

实验研究问题：
① 不同内饰布局的流通性和私密性感知不同；
② 相同座椅数、不同布局的流通性和私密性感知不同；
③ 车门开启方式不同流通性和私密性感知不同。

表4-2 汽车内饰空间布局感知实验参加人员基本资料

分类		人数	百分比（%）*
性别	男	58	60
	女	38	40
年龄分布	21~25	41	43
	26~35	35	36
	36~40	20	21
具汽车设计背景		22	23

注：*占参试总人数（96人）的百分比。

实验室的具体车型为七座宝骏和七座大众途安；五座帝豪GS和五座现代飞思；四座奥迪TT和四座马自达RX8；奔驰概念车（由于此车型的座椅布局可依需求改变，依据座椅排布方式不同，将其称为新式、混合及传统奔驰三款车）。实验过程中，每位参试者将面对每种车型的内饰空间全景循环视频以及包括车门座位排布的自绘平面图（图4-5，注：图中展示的内饰实图是视频截图），依据视频展示与平面图进行综合对比，对具有相同座位但排布不同的车型的流通性和私密性进行相互比较。分别以1~5分表达比较结果，私密性和流通性最佳者给5分、最低给1分。问卷收集统计后，考察问卷有效性，分别对普通参试者和具汽车设计背景的打分结果作统计，求其平均值，结果见表4-3和图4-6。

图4-5 内饰布局抽取以及布局图例（图片来源：自绘）

表4-3 汽车内饰空间布局感知实验结果

车型	A	B	C	D	E	F	G	H	I
流通性	3.2（3.6）	3.0（3.3）	3.6（3.8）	2.7（3.5）	2.1（3.2）	2.7（3.9）	4.8（4.9）	4.6（4.1）	4.2（4.1）
私密性	3.0（3.4）	3.3（3.4）	3.0（3.6）	3.2（3.5）	3.8（4.0）	3.8（3.9）	3.2（3.9）	2.3（3.6）	2.1（3.7）

注：A为宝骏730；B为7座大众途安；C为帝豪GS；D为现代飞思；E为奥迪TT；F为马自达RX8；G为新式奔驰；H为混合奔驰；I为传统奔驰。
括号内为普通用户组数据。

对于相同座位数车型而言，通过分析表4-2的实验数据可以得出以下四点结论。

（1）宝骏730的流通性得分比七座大众途安高，分别为3.2和3.0。虽然这两种车型的座位数相同，但是座椅安排不一样。大众途安第二排设置了三个座椅，如若要进入第三排座位，必须要将第二排座位放倒后才能到达，其流通性显然要逊于宝骏730；且第二排座位阻碍了后排的乘员与前两排座位人员的交流。另一方面，其私密性显然好于宝骏730。

（2）五座帝豪GS的流通性得分高于现代飞思，分别为3.6和2.7。虽然二者布局相同，但是由于现代飞思的特殊车门设置方式（主驾侧一门，副驾侧两门），比帝豪GS少一个门，即少了一个进出通道，导致现代飞思的空间流通性明显弱于帝豪GS。

（3）与五座车情况类似，四座的奥迪TT与马自达RX8比较，前者的流通性得分低于后者。因为四座的奥迪TT只有两门，而马自达RX8采用的是对开门方式，所以马自达RX8的流通性要明显好于奥迪TT。

（4）以上六种车型的私密性得分却正好与流通性得分相反。值得提出的是，有着相同座椅数的奔驰概念车，新型奔驰车流通性和私密性得分均为最高，这是由于新型奔驰车的座椅可以自由转向，使得这种车表现出很好的流通性和私密性。作为表4-2的补充，图4-7给出了两个组别对七种类型汽车内饰流通性及私密性的得分情况，形象地比较了有相同座椅数但排布不同的汽车内饰空间流通性：对于专家组而言，七座宝骏730好于七座途安；帝豪GS好于现代飞思；奥迪TT不如马自达RX8。奔驰概念车内饰空间流通性从强到弱的顺序为：新式座椅布局＞混合座椅布局＞传统座椅布局。而对于普通用户组而言，虽然有三处结果与专家组略有差异，但结果总体趋势与专家组基本一致；究其原因，这种差异是由于两个组别间知识背景不同所导致的不可避免的差异，因此，可以认为两个组别的感知结果是一致的。

内饰空间布局感知实验结果明确了影响人在汽车内饰空间的流通性、私密性的主要因素，同时也为第2章的"汽车内饰空间认知访谈实验"结果提供了佐证，并可拓展至其他实验对象之外的车型。

对问卷调查实验得到的数据进行离散程度分析，针对每种车型流通性和私密性的考察，以答卷分值为横坐标，出现次数最多的分值置曲线正中；以得分值在该题中出现的次数（或称该分值出现的频率）为纵坐标作图。图4-8为据问卷星数据整理的七

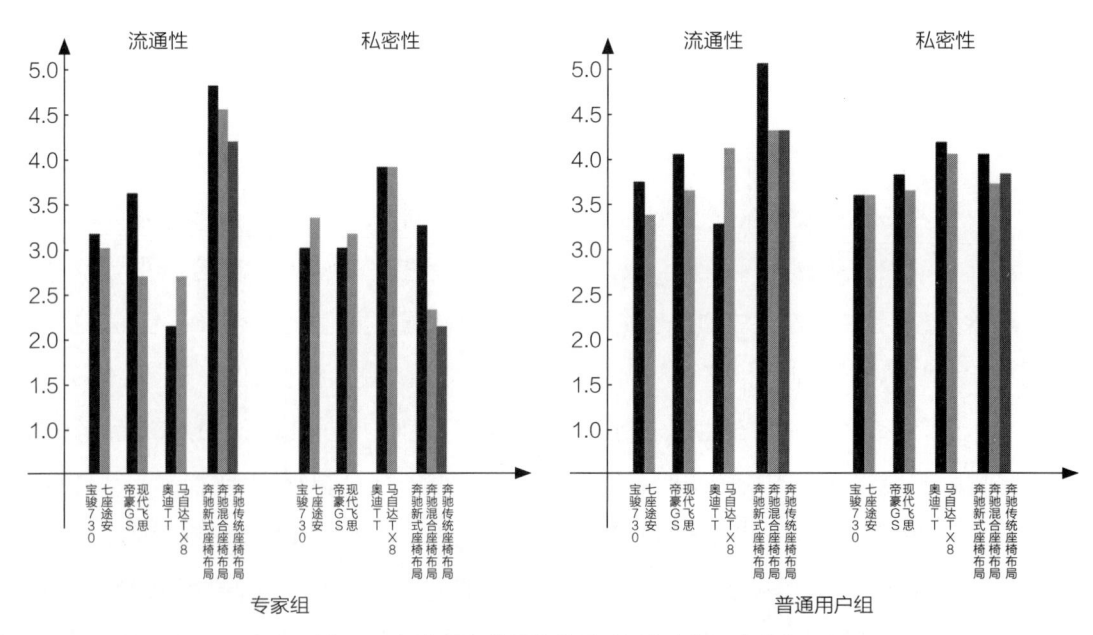

图4-6 问卷调查结果柱状图（图片来源：自绘）

座的大众途安（为简便计，其他车型数据从略），专家组和普通用户组对其流通性和私密性的得分分布柱状图。由图4-8可见，专家组和普通用户组对大众途安车的流通性和私密性打分均比较集中，符合统计分布，实验结果可信。另一方面，从图4-7发现，专家组的打分集中程度显然好于普通用户组，说明具有专业背景人员对汽车特性的认知比普通用户更全面。而由表4-2，普通用户组的问卷打分结果，流通性的打分值与专业组稍有差异，但对本实验提供的汽车内饰空间流通性判断趋势与专业组无异；但是其私密性打分结果略有不同，其中五座帝豪GS和五座现代飞思的私密性打分结果与专业组相反。五座帝豪GS和五座现代飞思比较，现代飞思少一车门，这种四门五座车型属于稀有车型，因此出现这一结果可能是由于普通用户对此车型的认知陌生所致。

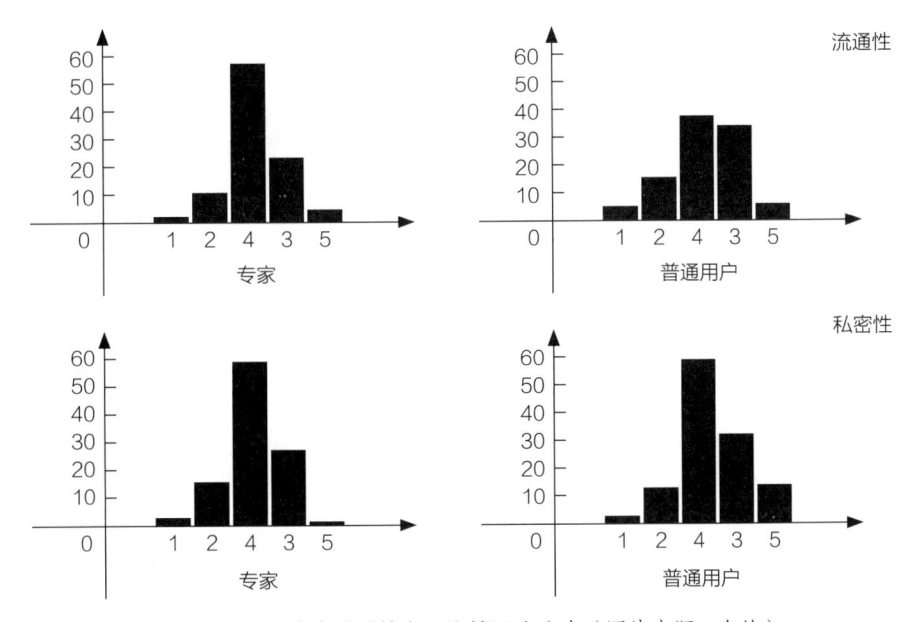

图4-7 七座途安流通性和私密性评分分布（图片来源：自绘）

对上述实验分析可以得到如下结果。

①宝骏730的流通性得分比七座大众途安高，分别为3.2和3.0；私密性得分分别为3.6和3.3。

②五座帝豪GS流通性得分高于五座现代飞思，分别是3.6和2.7。其中，现代飞思的主驾侧一门，副驾侧两门；帝豪GS主驾和副驾均为两门。

③四座的奥迪TT与马自达RX8比较，流通性得分分别为2.1和2.7；其中奥迪TT为两门，马自达RX8是四门对开。

④在这六种车型中，五种车型的私密性与流通性得分相反，相同座椅数的奔驰概

念车流通性和私密性得分均为最高。

从实验结论进一步来看，汽车内饰空间座椅布局是影响汽车内饰空间的流通性以及私密性是最为直接的因素；车门开启和设置方式也是汽车外饰形态（非体量）的表征，从这个角度而言，汽车外饰形态影响汽车内饰空间的感知，汽车内饰空间和外饰存在着一致性的关联。

4.4 汽车内饰的空间句法分析

4.4.1 空间句法：一种空间构型的图解方法

长期以来，汽车内饰的空间设计目标都是以工程为优先，对于其内部布局考量首要是满足驾驶和运载功能需要，但是对于汽车内饰设计及空间研究需要回归到"人"这一本质上，可感知的空间结构和布局实际上决定了人与空间之间的相互关系。在本章前一节的空间布局实验中，虽然汽车内饰布局的感知确实地发现在非工程层面上，设计师和用户依然能对汽车内饰空间布局所带来的空间感进行把握。然而，汽车设计主要由工程师完成，汽车内饰空间设计是一个工程设计的过程（图4-8），各个设计指标的数值是一个"工程的数值"而非"设计的数值"，是否可以从设计的角度上提出依

图4-8 汽车发展初期汽车内饰设计（图片来源：自摄）

据可信的量值来辅助较为感性的汽车内饰空间工业设计,值得探讨。

在与空间问题强相关的建筑于规划设计领域中,关于空间的布局问题,同样也存在如何使用某种量值来辅助建筑设计师对建筑学范畴内较为感性的设计问题。针对这一问题,比尔·希列尔[19]在研究建筑空间问题过程中,提出了空间句法理论。希列尔认为很多有形的物质形态,甚至是语言等非物质形态,当我们将其作为关系系统看待时,都会发现其"构形"(Configuration)的存在。对于构形,希列尔给出的定义是:"一组相互独立的关系系统,且其中每一关系都决定于其他所有的关系。"构形并非只局限于建筑学,"似乎贯穿于所有使用法则系统,并以社会的方式来运转的领域"。改变系统中一个元素的构形,会改变很多其他元素,甚至很可能是其他所有元素的构形属性;继而使整个系统的构形发生变化,如商场的众多商品陈列空间也是如此[20]。建筑的内部空间赋予了建筑的意义,建筑空间的布局成为人与建筑之间交流的方式[21]。同为人造空间,汽车内饰空间布局直接影响人与汽车内饰空间的交互关系与认知关系,本书尝试首次将空间句法用于汽车内饰空间布局研究。

空间句法理论相关术语及其解释如下所述。

(1)关系图解(Justified graph)

空间句法的主要研究工具是J-图及其相应的定量计算。J-图又称关系图解,是从某一个特定点出发的所有空间的"拓扑深度"的图示,是应用空间句法理论理解空间构形的强有力工具。图4-9为解释空间句法的经典案例,左边第一列为两个建筑平面,

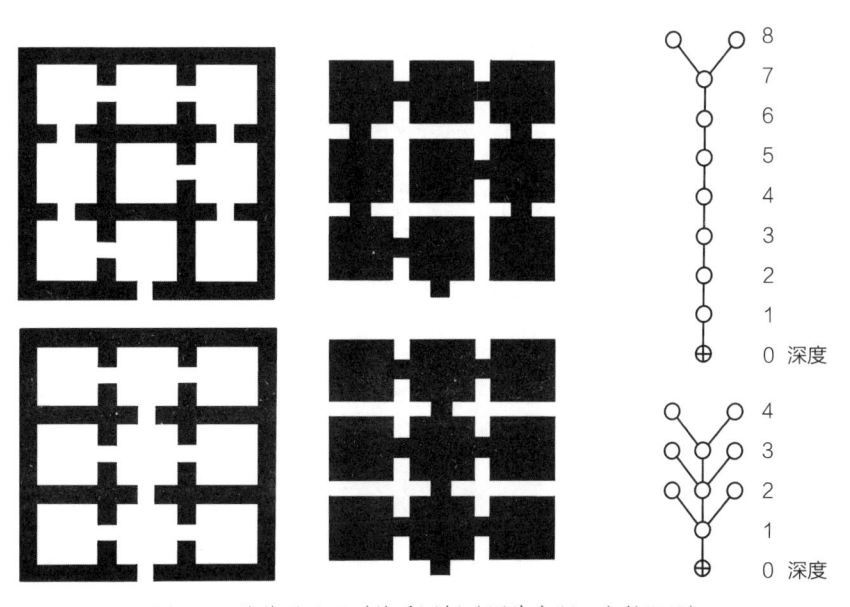

图4-9 从普通平面到关系图解(图片来源:文献[22])

图中的黑色代表通常为房屋的物质实体，两个建筑平面的形状几乎一样，只是内部隔墙开门略有不同。将第一列平面进行图底反转，得到第二列的两个平面，黑色代表了通常房屋的空间布局。第三列显示的就是相应的空间结构的J–图。用一个圆圈加一个内部十字表示图示的出发点；圆圈（即节点）代表矩形空间，短线表示它们之间的连接关系，就可转换为两个结构图解。J–图是对构形进行量化的重要途径，是一种拓扑结构图解，它不强调欧氏几何中的距离、形状等概念，重在表达由节点间的连接关系组成的结构系统。

（2）构形的定量描述

在J–图基础上，为定量地描述构形，空间句法发展了一系列基于拓扑计算的形态变量指标，其中最基本的变量有[22]以下四种。

①连接值（Connectivity value），与某节点邻接的节点个数即为该节点的连接值。在实际空间系统中，某个空间的连接值越高，则表示其空间渗透性越好。

②深度值（Depth value）规定两个邻接节点间的距离为一步拓扑空间，则从一节点到另一节点的最短路程（即最少步数）就是这两个节点间的深度。系统中某个节点到其他所有节点的最短路程（即最少步数）的平均值，即称为该节点的平均深度值（MD）。用J–图来辅助计算平均深度值，会更加清晰，公式可表示为：MD=（Σ深度×该深度上的节点个数）/（节点总数–1）。例如，图4-9中第一行第三列，入口空间的平均深度值 MD =（1×1+2×1+3×1+4×1+5×1+6×1+7×1+8×2）/（9–1）= 5.5。系统的总深度值则是各节点的平均深度值之和。很明显，深度值表达的是节点在拓扑意义上的可达性（即本书采用的汽车内饰空间的流通性），即节点在空间系统中的便捷度。它主要表达空间转换的次数，而不是指实际距离。

③集成度（Integration value）用上述方法定义的"深度值"在很大程度上取决于系统中节点的数目，计算公式是 RA = 2（MD –1）/（n –2）（其中 n 为节点总数）。

④将RA取倒数，称为标准化集成度（RRA），RRA与实际意义正相关。后来又用来进一步比较不同大小的空间系统。RRA=RA/D_n，其中 D_n 为一系数（D_n = 2{n log$_2$[（n + 2）/（3–1）] +1}/[（n –1）（n –2）]）。集成度表示节点与整个系统内所有节点联系的紧密程度。

根据以上连接值、深度值、集成度和标准化集成度的定义，映射到汽车内饰空间中，可以认为某点的连接值越大，此点的开放性越好，而私密性越差。深度值与汽车内饰空间的流通性有直接关系，MD值越大，空间转换的次数越多，对人在内饰空间的流通性不利，或者说是一种阻滞。标准化集成度大则空间整合越紧凑，空间流通性越好；换句话说，乘员之间交流方便，但私密性下降。

汽车内饰呈现出一个围合的实体空间形态，汽车内饰空间问题可以从"构形"的角度来讨论。采用空间句法的研究方法，将汽车内部空间作类似建筑学中的平面图来处理，进而对汽车内饰空间布局进行研究。在建筑中，空间的关系由每个房间之间的关系所构成，人所活动的范围主要是在各个房间中，因而建筑内部空间的关系就可以通过房间之间的关系来阐明。在汽车内饰空间认知访谈调研中已经明确，座椅的位置是人在汽车内饰空间中的基本活动空间单位。从形态上来看，汽车可以看作一个小尺寸的"移动建筑"，汽车内饰空间作为构形。因此，可以将座椅的位置作为汽车内饰空间的局部空间即"房间"，座椅所包含的区域就可以认为是汽车内饰空间的独立空间。为了明确汽车内饰的平面的基本关系，按照空间句法的空间布局提取方式，以宝骏730的内饰俯视平面图为基准进行分析（图4-10）。在图4-10所示的"布局提取"部分，将座椅区域用白方框进行标注。

汽车内饰的乘坐空间虽然不同于建筑内部空间的全封闭性（房间的墙壁和门等），但是由于座椅靠背的存在，实际上每一个座椅空间都是一个半封闭空间，而且对不同乘员特别是前后排乘员的视域产生了阻挡。

如同建筑空间中的各种隔断所带来的影响，在汽车内饰空间中，一些功能部件对人在内饰空间的流通性也将产生影响。例如，从副驾驶一侧进入汽车，前往驾驶座，中间的操纵台以及挡杆会让这个过程变得很不方便。这样一类特征就统称为阻碍，在

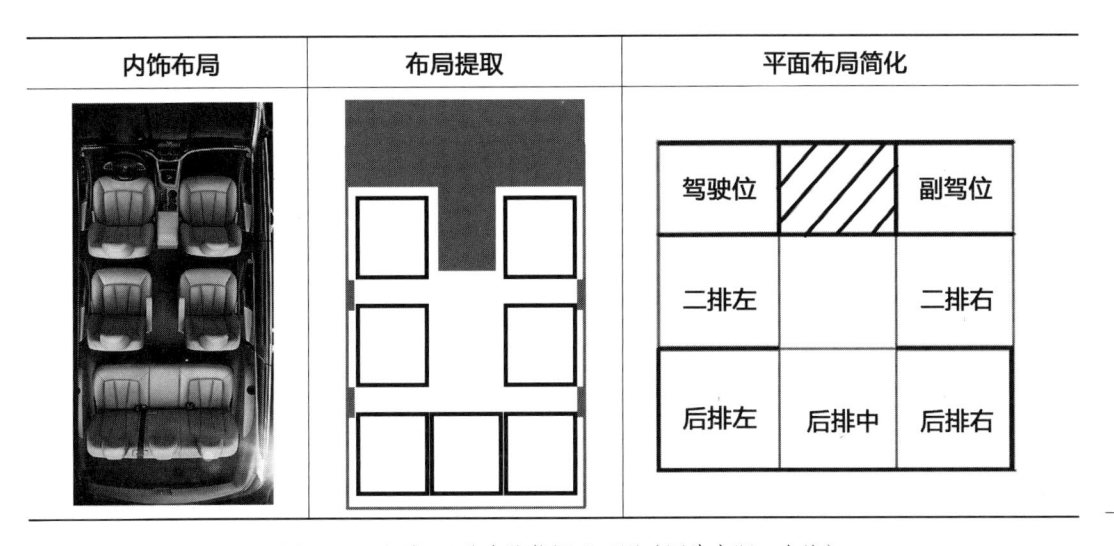

内饰布局	布局提取	平面布局简化
		驾驶位 / 副驾位
		二排左 / 二排右
		后排左 / 后排中 / 后排右

图4-10　宝骏730的内饰俯视平面图（图片来源：自绘）

图4-10的平面布局部分，将操纵台以及挡杆区形成的阻碍用斜线区域标注，从而对汽车内饰空间的各种关系进行明确。

不同车型有不同的空间构型，汽车内饰空间的布局表征了不同车型之间的差异。事实上，不同的车型之间内饰空间也不尽相同，本质上是由于汽车内饰的功能需求导致了形态的不同；而这种布局所带来的汽车外饰造型上的变化，使得两个车型在外观上有着明显的差异。汽车内饰的空间布局不仅对汽车外饰造型产生影响，也说明汽车外饰的形态在某种程度上是汽车内饰的"外显型"表征。对于汽车内饰与汽车内饰之间的关联问题将在第五章进行较深入的讨论。

4.4.2 汽车内饰的空间句法计算分析

人的活动模式与空间模式之间的关系可以用数学方法来表达其模式的属性，不同构形空间的拓扑深度不同，也透出不同空间的差异和分布。关于人与空间之间的关系，比尔·希列尔在其论述空间句法的著作《空间是机器》中所讨论的空间，并不是欧氏几何所描述的可用数学方法来测量的对象，而是指以拓扑关系为代表的一种关系；空间句法关系也非空间中目标物之间的实际距离，而是可达性和关联性[23-27]。内饰空间，如果仅仅只作为汽车产品的功能完成场所而言，那么其就仅仅只是一个功能完成的场所，而这一个属性似乎并不能完整表达汽车的社会性功能。如同建筑一样，单一的房屋似乎只是作为一个人造空间的载体存在，而建筑的内饰赋予了建筑的意义[28]。

对汽车而言，个人的私密性、空间不同座位乘员之间的交流、乘员在汽车内饰空间中的活动便利性，是汽车内饰的重要特性。在有关建筑的空间句法的研究中，主要是关注人在建筑内部的空间活动。相对于建筑空间来说，汽车内饰空间尺寸相对较小，而且在汽车的使用过程中，乘员经常需要进行通过内外空间的交换等来完成某些任务（上下车、打开后备厢、临时停靠）或进行信息交流。因此，对于汽车内饰空间的研究应当将外部空间同时考虑在内，将两者作为一个整体进行研究。

在汽车内饰空间中，人的活动范围主要以座椅为中心而展开，将座椅类比于建筑空间中"房间"。由此，可以将座椅的位置作为汽车内饰空间的基础单位，进行汽车内饰空间句法研究的基本空间单位。

为考察不同品牌、不同车型的内饰空间私密性、流通性等特性，同样地依据空间句法对于平面空间的处理方法对汽车内饰空间进行处理。将汽车内饰中的每个座椅以一个空心方块表示，方块的连接方式即为座椅与座椅之间的相互关系。考虑到不同汽车内饰中座椅之间的阻隔方式不同，特别是后排座位转向至驾驶座或者副驾座时必须要下车才能完成。也就是说，在考察汽车内饰的空间特性时，需要将汽车内饰及其汽车所处的外部环境作为一个整体来考虑。因此，在计算内饰的拓扑深度时，需要特别确定下车后乘员做的一个90°的转折算为拓扑一步。例如，从第二排右边座椅转移至副驾座时，需下车后进行两个90°的方向转换，才能到达副驾座，即从第二排右边座椅转移至副驾座需要移动两步完成，即两个拓扑步长。在方块图中，这种在车身外转折的拓扑距离用虚线框表示，以区别于实际座椅方块；而座位与座位之间有阻碍，不能互通，则用粗黑线条表示（图4-11）。

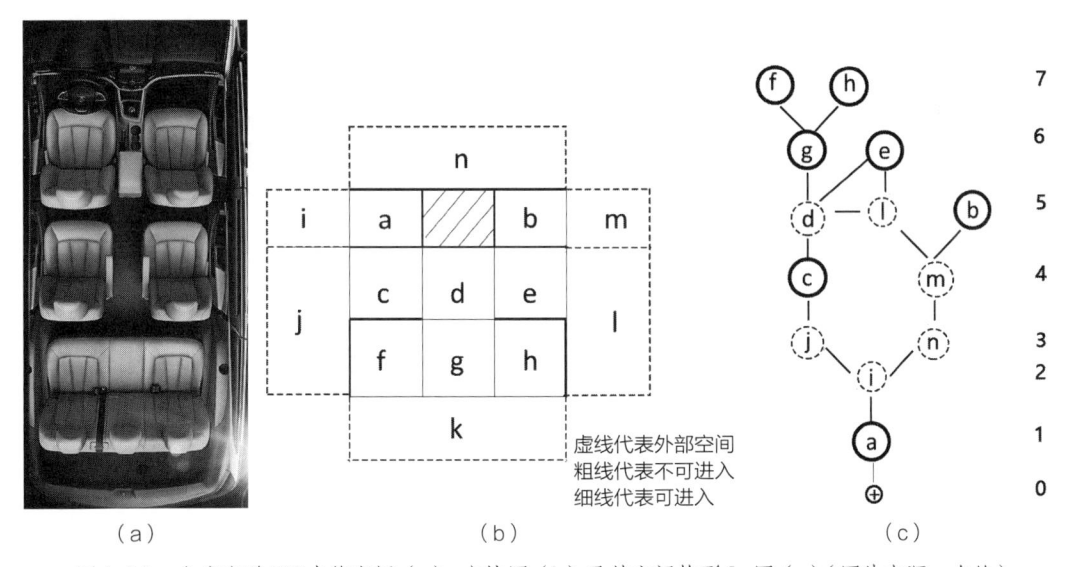

图4-11 七座宝骏730内饰空间（a）、方块图（b）及其空间构形J-图（c）（图片来源：自绘）

对于通过放倒前一个座位后再进入后面位置的情况，在计算拓扑距离时，被放倒一次当作行进拓扑一步；被放倒的座位，在方块图中以该座位符号右上方加上一撇来表示。

采用空间句法考察与内饰空间布局实验相同的七座宝骏730、七座大众途安、五座帝豪GS、五座现代飞思、四座奥迪TT、四座马自达RX8以及四座奔驰概念车的J-图。图4-11为七座宝骏730的内饰空间方块图及其空间构形，图中第二列为座椅与行进空间的方块图。据文献[22]，图4-11右边一列用圆圈（即节点）代表矩形空间，用短线来表示它们之间的连接关系，即以驾驶座（a点）为出发点的J-图（为正文的行文简便计，其余车型的内饰空间方块图及其空间构形J-图从略）。从不同汽车内饰座椅位置出发，可以绘制同一空间布局的不同J-图。

采用张愚和王建国[22]推荐的空间句法计算分方法与上述汽车内饰空间布局的感知实验相同的六种传统汽车车型以及奔驰无人驾驶概念车的标准化集成度等参数。分别以驾驶位和副驾座位为起点，至由座位围合而成的空间的座位点的深度值和标准化集成度等参数，计算结果列入表4-4。需要指出的是奔驰车无人驾驶概念车已通过路试，其驾驶模式包括了传统驾驶模式、新式模式以及混合模式，其内饰布局可以自由切换。特别是新型模式奔驰车的四个座椅可自由转向，此案例对本书研究具有前瞻性指导意义，因此对该款车，我们进行了三种不同座位布局的计算，结果列入表4-4。

表4-4 各车型标准化集成度（RRA）/深度值（MD）

车型 RRA/MD	驾驶位	空位	副驾驶位	二排左位	二排中	二排右位	后排左位	后排中	后排右位	总RRA值	总深度值
奔驰（新式）	0.5146/3.2	0.5777/2.6	0.5146/3.2				0.5146/3.2		0.5146/3.2	2.7433	18
奔驰（传统）	0.4518/3.4	0.5777/2.6	0.5146/3.2				0.4518/3.4		0.4518/3.4	2.4849	18.8
奔驰（混合）	0.5146/3.2	0.5777/2.6	0.5146/3.2				0.4518/3.4		0.4518/3.4	2.6141	15.8
宝骏730	0.5870/4.8333		0.5870/4.8333	0.8615/3.7272	0.9941/3.3636（空位）	0.8615/3.7272	0.6154/4.8182	1.1236/3.0909	0.6154/4.8182	6.2455	29.8483
途观七座	0.7183/4.4167		0.7183/4.4167	0.8338/3.8182	0.8416/3.9167	0.8338/3.8182	0.7014/4.5		0.7014/4.5	5.3486	29.3865
帝豪GS	0.6240/4.2222		0.6240/4.2222				0.8048/3.9	0.7476/3.625	0.8048/3.9	3.652	19.8694
现代飞恩	0.4757/5.125		0.6830/4.125				0.4617/5.25	0.4906/5	0.6244/3.75	2.7354	23.25
奥迪TT	0.3809/4.5		0.3809/4.5				0.4579/4.75		0.4579/4.75	1.6776	18.5
马自达MXS	0.6528/3.785		0.6528/3.785				0.7136/3.75		0.7136/3.75	2.7297	15.25

注：空位是指内饰中由于座位包围而形成的可供行走的空间。

根据表4-4，对被考察的七种汽车的流通性进行分析。标准化集成度表示节点与整个系统内所有节点联系的紧密程度[1]。全局深度值越高，从空间的某一点到达这个中心空间的拓扑距离越长，空间流通性越差，但私密性相对较好；标准化集成度（RRA）为全局整合度的倒数，标准化集成度值越高，整合度值越低，流通性越好。

由表4-4得到的七种车型以内饰空间中驾驶座为出发点得到的深度值及其标准化集成度值，以颜色的深浅给予标准化集成度值大小一个直观的感受，在此基础上可以生成标准化集成度热力图（图4-12）。此图可以有效地将各个内饰的标准化集成度进行直观表达，有助于对标准化集成度在单一车型内饰空间中进行快速纵向对比评价，以及多车型中各个内饰单位进行快速横向对比评价。

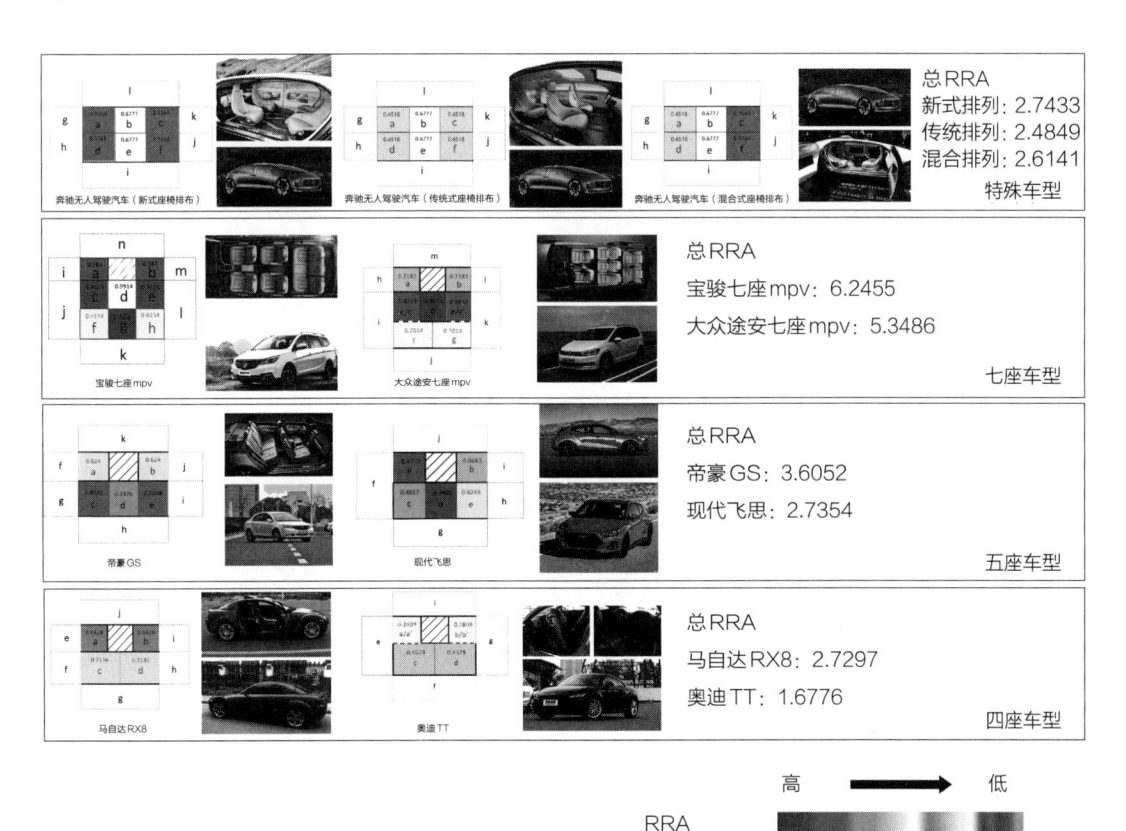

图4-12　各车型标准化集成度分布图（图片来源：自绘）

结合表4-4和图4-12，可以得到如下信息。

①以七座宝骏730和七座大众途安为例，它们的总标准化集成度值分别为6.2455和5.3486，宝骏730的总标准化集成度值大于大众途安，内饰空间的渗透性、流通性要好于七座大众途安，比较方便乘员之间的交流，乘员到达车内某一位置比大众途安

方便。但是，宝骏730内饰空间的私密性要弱于大众途安。由图4-12可见，对于靠近内饰空间中心的点，它们的色彩都是最深的，即其标准化集成度值较高。因此，在汽车内饰中保证座位数的情况下，尽量将座位围绕内饰空间的中心位置设置，将有助于提升汽车内饰空间的流通性，方便乘员之间的信息交流。

②在五座车中，帝豪GS和现代飞思空间的总标准化集成度分别为3.0652和2.7354，现代飞思少一道门，其空间流通性明显弱于帝豪GS。而同样的情况也出现在了四座的奥迪TT（总RRA：1.6776）与马自达RX8（总RRA：2.7297）中，马自达RX8为对开的四门车，而奥迪TT只有两门。所以马自达RX8的流通性要明显好于奥迪TT。在此可以明显地看出，汽车外形实际上对于汽车内饰通达性影响颇深，正如本书前文提到的汽车外饰是内饰的外延，汽车外饰形态影响汽车内饰空间的空间感知。

③从奔驰无人驾驶概念车的传统、混合和新式三种空间布局来看，它们的总RRA值的大小依次为2.4849、2.6141、2.7433。对于新式奔驰概念车，它在三种概念车中，RRA值最大，流通性最好，依常规思维，这种车型的私密性应是最差的，但同时它的私密性却是最好的。究其原因，在座椅布局方式一致的情况下，由于其座椅之间朝向相对位置的改变，导致了流通性与私密性的不同。因此，可以看出汽车内饰空间的流通性、私密性与座椅间的朝向有关，具体反映在设置座椅的相对朝向有助于乘员的交流。

④对于同具有四个座位数的车型：奥迪TT、马自达RX8和奔驰无人驾驶概念车而言，它们的总RRA值大小顺序为：新式奔驰>马自达RX8>混合奔驰>传统奔驰>奥迪TT。新式奔驰和马自达RX8的总RRA值几乎一致，分别为2.7433和2.7297。而混合式布局奔驰和传统式布局奔驰的总RRA值比马自达RX8稍小。究其原因，可能是马自达RX8具有四扇门，便于从不同位置上车。

通过对以上信息数据的分析，结合汽车内饰空间布局感知实验，还可得出如下几点结论。

①空间句法计算引申得到的有关人在这七种车型内饰空间中的流通性和私密性结果，与汽车内饰空间布局感知实验得到的结果基本是一致的，说明空间句法作为一个汽车内饰空间设计的辅助工具是可行的，是一个从非工程角度为设计师提供的具有数值参考意义的设计辅助工具。

②在汽车内饰设计中，为方便乘员在车内的活动，可考虑设置可变动空间。如将座椅设计为可转向的形式是达到较好流通性的有效手段。

③空间的流通性越好，成员之间的信息交流越方便，即空间的开放性越好。然而，开放性越好，其私密性则越差。

④增加汽车内饰空间与车外空间之间的交流通道，即相同座椅数的汽车，必要、适当的设置车门有利于内饰空间与周围环境空间的交流，也有利于提高内饰空间的流通性。

值得一提的是，空间句法的研究对象依拓扑单位大小而定，不仅适用建筑领域房间布局、公园、城市规划这样大尺度空间的计算，甚至也可以用于计算雪屋中的布局，进而对因纽特人亲族关系进行研究[1]。本书仅采用空间句法研究了座椅布局对汽车内饰空间布局影响，汽车内饰空间布局是一个庞大、复杂的问题，本章对于汽车内饰空间布局问题研究尚为疏浅。未来还可将空间句法应用于汽车内饰中一些较小的空间层面，如仪表板的按键排布、方向盘控制按键布局等，相信是一个复杂且值得下大力气深入探究的课题。

本章参考文献

[1] 董红羽，杨清明. 空间布局[M]. 南昌：21世纪出版社，2003.

[2] TRANCIK R. Finding lostspace [M]. New York：John Wiley and Sons, Inc.，1986：19.

[3] REED M P, MANARY M A, FLANNAGAN C A C, et al. Schneider. Effects of vehicle interior geometry and anthropometric variables on automobile driving posture [J]. Human Factors: The Journal of the Human Factors and Ergonomics Society, 2000, 42 (4): 541-552.

[4] PIRO S, FIORILLO I, ANJANI S, et al. Towards comfortable communication in future vehicles [J]. Applied Ergonomics, 2019 (78): 210-216.

[5] SCHULZ C N. Existence, space and architecture [M]. New York: Praeger, 1971：9.

[6] 《新编现代汉语词典》编委会. 新编现代汉语词典[M]. 长沙：湖南教育出版社，2016：100.

[7] 亚历山大·仲尼斯，利恩·勒费夫尔. 秩序的美学[M]. 何可人，译. 北京：中国建筑工业出版社，2008.

[8] 克里斯蒂安·诺伯格-舒尔茨. 建筑的意义[M]. 李路珂，欧阳恬之，译. 北

京：中国建筑工业出版社，2005：225.

[9] PASAOGULLARI N, DORATLI N. Measuring accessibility and utilization of public spaces in Famagusta [J]. Cities, 2004, 21(3): 225-232.

[10] 潘吾华, 邱晓葵. 对陈设艺术设计的思考[J]. 装饰, 2008(30): 16-19.

[11] 史澎涛. 产品设计与空间环境的互动研究[D]. 天津：天津工业大学, 2008: 26.

[12] 平辉. 物与空间概念的传续——追溯研究室中的一只柜子[J]. 新建筑, 2015(3): 41-45.

[13] 周子彦. 沙发在室内空间设计中的运用[D]. 北京：中央美术学院, 2017: 31-39.

[14] HILLIER B. Space is the machine: a configurational theory of architecture [M]. 3ed. Cambridge: Cambridge University Press, 1999: 1, 16, 19-20.

[15] 泛亚内饰教材编写组. 汽车内饰设计概论[M]. 北京：人民交通出版社, 2012: 24-26, 60.

[16] SHIMIZU Y, YANAGISHIMA T, JINDO T, et al. Analyses of automobile interiors using a semantic differential method [J]. Proceedings of the Human Factors and Ergonomics Society Annual Meeting, 1989, 33(10): 620-624.

[17] SHELLER M, URRY J. The City and the car [J]. International Journal of Urban and Regional Research, 2000, 24(4): 737-757.

[18] 尹彦青, 赵丹华, 谭征宇. 汽车内饰品质感的感知模态研究[J]. 包装工程, 2016, 37(20): 35-40.

[19] HILLIER B. Space is the machine: a configuration theory of architecture [M]. 3ed. Cambridge: Cambridge University Press, 1999: 1, 16, 19-20.

[20] 黄经南, 高浩武, 但梦薇. 基于空间句法的商场室内空间可识别性研究——以武汉光谷步行街为例[J]. 城市问题, 2014(6): 46-52.

[21] 叶君放. 建筑空间结构的分析与评价——基于空间可达性与可理解性[D]. 重庆：重庆大学, 2007: 4-6.

[22] 张愚, 王建国. 论"空间句法"[J]. 建筑师, 2004, (3): 33-44.

[23] 叶君放. 建筑空间结构的分析与评价——基于空间可达性与可理解性[D]. 重庆：重庆大学, 2007.

[24] 程昌秀, 张文尝, 陈洁, 等. 基于空间句法的地铁可达性评价分析——以2008年北京地铁规划图为例[J]. 地球信息科学, 2007, 9(6): 31-35.

[25] JIANG B, CLARAMUNT C, BATTY M. Geometric accessibility and

geographic information: extending desktop GIS to space syntax [J]. Computers, Environment and Urban Systems, 1999, 23(2): 127-146.

[26] ENSTRÖM R, NETZELL O. Can space syntax help us in understanding the intraurban office rent pattern? accessibility and rents in downtown stockholm [J]. The Journal of Real Estate Finance and Economics, 2008, 36(3): 289-305.

[27] HILLIER B, PENN A. Rejoinder to Carlo Ratti [J]. Environment and Planning B-Planning and Design, 2004, 31(4): 487-499.

[28] 翟羽丰. 现代空间句法理论在住宅庭园空间研究中的应用[D]. 杭州：浙江大学, 2008: 1-2.

第 5 章

汽车内饰的空间形态与设计

5.1 概述

形态（Morph）源于希腊文，作为一个词根表示"形状""形态"之意[1]。《辞海》中对形态的解释是，"事物的形式与状态"。可以认为，形式是事物一种客观感知；状态是事物形状所引起的主观认知。因此，形态具有客观感知和主观认知的双重属性。

本书所指的空间形态并不是指的描述客观空间对象呈现出的某种具体的形状（Shape），是一种基于整体造型表现的概括性认知反馈。这种认知反馈的内涵包括两个方面：①对于空间的形态（Form）要素的认知；②对于空间形态所表征的意义的认知。前者是形态客观感知的产物，后者从属于空间形态的主观认知，是构成空间形态认知的完整的两个方面。

在西方文化中，"形态"的英译为Form。Form也可译成"形式"。形态被解释为一种态势、一种动势，也就是研究形的演变和发展过程[2]。空间"形态"不同于"形式""形象"，也不同于"形状"。空间形态不仅是现实空间中实体与形式的有机整体，也是意识空间中对事物存在的主观判断，能够在虚拟空间中呈现交流信息的综合体。由此看来，对于空间形态的客观感知的要素并不是描述具体物体形状的类似"长""宽""高"或者"方""圆"等具体的量词，而是一种偏向于心理尺度（Scale）的描述。

任何形态必然借助物质来展现，物质和形态是相互依存的。在宏观与微观世界中，观测到的形态都占据空间，有边界、有长宽高，没有不占据空间的形态，空间是形态存在的必备场所[3]。现实物理世界中，形态的存在总是离不开空间[4]。对于地球空间，人们难以直接获得完整的感知，但是可以借助想象获得地球的形态空间感。因此，现实形态依赖实体物质本身的空间，而思维活动中的形态只需意识的载体（如人脑）所形成的意识空间[5]。形态是客观存在的，存在的意义在于它与人、社会的关系，以及如何与各种关系相适应、相匹配，反过来这些关系又影响形态。空间形态要素的认知包括"空间张力""空间尺度"（非尺寸）等空间关系的问题。

5.2 汽车外饰与内饰空间形态的关联性研究

5.2.1 汽车外饰与内饰空间形态关联

关于汽车外饰与内饰的形态之间的联系，本书2.4.1节中提及汽车外饰形态是汽车内饰空间形态和属性的外在表征，汽车内饰与外饰之间则必然存在着一定的关联性，汽车外饰是汽车内饰空间的外延，小泉（Koizumi）等人[6]认为，维持汽车内外饰的颜色一致是消费者的基本诉求之一[7]。汽车造型是将美融入产品的一种艺术过程[8]，俗话说"望文生义"，能从汽车的外观感受到同样风格的内饰造型，是设计师的设计意图被用户正确认知的体现。例如，豪华汽车的外形设计往往"暗示"其具有豪华的内饰造型与之匹配。

从视觉角度上来看，汽车外饰的造型是认识汽车内饰空间造型的外在表征。更进一步地说，汽车外饰造型包含了汽车内饰空间形态的信息，包括汽车内饰的造型信息和意义属性。在设计领域，设计师和用户是否具有内外饰关联认知能力以及不同群体间对于这种认知表现是否存在差异尚未明确；长久以来，对于汽车内饰和外饰之间是否存在关联性在设计层面并无定论，仅出现于汽车制造商的广告中。因此，对不同的群体之间于汽车的内外饰设计风格认知是否存在一致性进行研究，在理论层面上，为汽车作为一个整体的产品空间被认知，可为消除汽车内外饰在设计中的认知二元化提供有力的事实依据。在设计实践层面，为汽车内饰和外饰设计过程中提供内外饰造型关联依据，为内外饰设计提供理论支持；使内饰设计师在进行设计活动中能依据外饰整体风格，更好地把握设计方向、传达设计意图。为此，本书特设置"汽车内外饰空间造型认知差异实验"。

本实验研究问题如下。

①汽车内饰造型风格与外饰造型风格之间是否存在认知匹配关系？
②汽车内饰结构与汽车外饰体量之间是否存在认知匹配关系？

③设计师与普通用户之间对于这种匹配关系的认知是否存在差异?

5.2.2 汽车外饰与内饰空间造型认知差异实验

1. 参试人员

共有76人参加实验,所有参试者均拥有大专以上学历,能正确理解实验目的。各组别参试者的年龄以及性别情况见表5-1。

表5-1 汽车内外饰空间造型认知差异实验参试者基本情况

分类		人数	百分比(%)
性别	男	47	62
	女	29	38
年龄分布	21~25	39	51
	26~35	24	32
	36~45	13	17
具汽车设计背景		31	41

2. 实验设计

(1) 样本选择

目前,市场上对各类车型的接受情况,以五座车型的接受程度以及市场占用率最高,各种造型风格种类齐全;并且针对各款车型,其造型风格在官方给予的车型宣传中有着明确的定义,故而实验样本的选取范围确定为五座型车辆。在实验素材选择上,以汽车之家网站上的五座轿车图片作为素材蓝本。

针对第一个问题,车型的选择类别为豪华型、运动型以及家用型三个类别,三种风格车型之间有着明显的差异,其内饰风格也差异明显,能获得准确的实验数据。在汽车之家的网站上对每个类别的车型随机选择两个样本,样本包括每一车型的前45°视角的外饰展示以及俯视45°视角的内饰展示,共计六个样本(图5-1)。针对第二个问题,实验样本的选择范围确定为跑车、SUV以及普通家用的五座车车型,这三种车型在外观上有着明显的视觉差异,这种视觉差异实质上是由车架形态差异所带来的,是一种工程差异。汽车之家的网站上的三种类别中随机选择两个车型样本,具体的实验样本包括每一车型的前 45°视角的外饰展示以及 YO 基准视角的内饰展示，共计六个样本（图 5-2）。为了避免内饰的材质色彩等因素给认知造成干扰，对内饰图片进行去色处理，并且将含有周围环境的部分如车窗外的景象、方向盘与外饰中所展示的品牌标志等带有暗示性质的元素排除在外，画面只留清晰可辨的汽车实图。

车型	奥迪A7	奔驰S600	宝马7系	保时捷帕纳梅拉	大众速腾	丰田卡罗拉
风格判断						

图 5-1 问题一实验素材展示（图片来源：自绘）

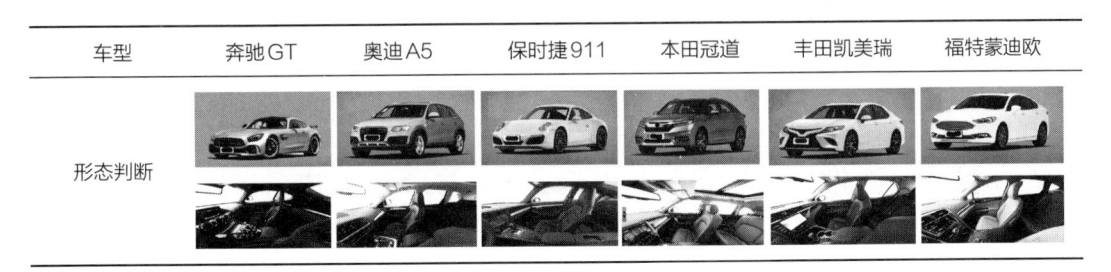

车型	奔驰GT	奥迪A5	保时捷911	本田冠道	丰田凯美瑞	福特蒙迪欧
形态判断						

图 5-2 问题二实验素材展示（图片来源：自绘）

（2）实验过程

本实验采取问卷方式，问卷为多选题。题干给出某一车型的内饰图片，要求参试者在最短时间内依据直觉选择出可能与当前题中汽车内饰匹配的外形的车型，每个题目要求参试者选出认为有可能匹配的外饰选项，至少一个、最多三个。虽然每一道题所展示的内饰都存在着唯一对应的车型与之匹配，若被试者选择符合当前所展示内饰的对应车型的同类车型，也可以为选择正确。例如图 5-3，问题一给出的是保时捷帕纳梅拉的内饰样本，此车型为运动型。要求参试者从图的右侧选择出与此外饰相匹配的车型。正确匹配素材是 5 号；6 号为奥迪A7外饰，也属于运动型车，若参试者选择了此样本，也算作出正确答案。问题二给出的是保时捷911的内饰样本，选择方式和问题一相同。此题的正确匹配素材是 5 号，若选择同为跑车款的 2 号奔驰SLR，其处理方式和问题一相同。在数据统计过程中，将正确匹配的答案称为最佳答案，而选择了符合对应风格车型的答案称为可接受答案，剩下的则为错误选项。这样设置能最

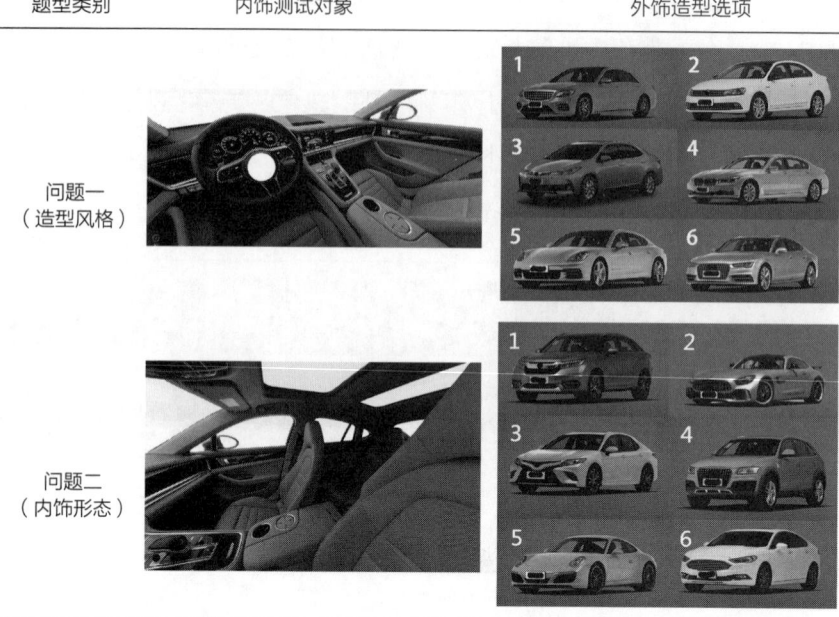

图5-3 实验答题展示（图片来源：自绘）

大限度地真实反映出被测者的认知情况，避免了由于题目选项所限导致的数据失真和遗漏。

3. 实验结果分析

将所有的实验样本进行随机排列并导入问卷，要求参试人员根据自己的直觉判断，共发放问卷76份，实际回收问卷共76份，所有问卷有效。其中专家组31份，普通用户组45份。实验结果列于表5-2。

表5-2 汽车外形与内饰空间匹配实验结果

题号	普通用户A	专家组A	普通用户B	专家组B
1	43.18	61.29	34.09	16.13
2	47.73	67.74	34.09	41.94
3	50.00	64.52	36.33	35.48
4	47.73	70.97	34.09	29.03
5	50.00	61.29	40.91	51.61
6	45.45	77.42	34.09	38.71

续表

题号	普通用户A	专家组A	普通用户B	专家组B
7	52.27	83.87	34.09	35.48
8	45.45	67.74	50.00	32.26
9	38.64	64.52	36.36	29.03
10	59.09	61.29	52.27	61.29
11	45.45	54.84	47.73	48.39
12	36.36	67.74	47.73	29.03
平均百分数	45.64	66.94	39.58	37.37
标准偏差 s	7.54	7.79	8.36	12.11
方差 S	7.66		10.41	
t计算	6.81		0.88	
$t_{0.05, 11}$	2.23		2.23	
	$t_{计算} > t_{0.05, 11}$ 有显著性差异		$t_{计算} < t_{0.05, 11}$ 无显著性差异	

注：A为普通用户组和专家组在答每道题时，选择最佳答案人数在该组总人数中所占百分数；
　　B为普通用户组和专家组在答每道题时，选择可接受答案人数在该组总人数中所占百分数。

对实验结果数据进行分析，可得出以下五点结论。

①设计师组参试人员在所有的12个问题中，选择最佳答案者占比例最多，平均百分数达到了66.94%，而且选择最佳答案在每道题中所占比例都是最高的，排序在第一位。

②关于两个组别间对于最佳答案的选择上是否存在显著性差异，采取 t 检验法进行检测，结果表明，两个组别中间存在显著性差异。

③关于设计师组对于选择最佳答案和可接受答案之间是否存在显著性差异问题，从表5-2的数据来看，最佳答案被选次数的平均百分数为66.94%，而选择可接受答案被选次数的平均百分数只有37.37%，从表面数据上即可显示出明显的差异化，据此，不再对其作统计计算。

④关于普通用户组对于选择最佳答案和可接受答案之间是否存在显著性差异：采用 t 检测法进行检测，由于计算结果不便排在表5-2内，因此，将计算过程列出：方差 $S = \{[7.54^2（12-1）+8.36^2（12-1）]/22\}^{1/2} = 7.96$，$t_{计算} = [（45.64-39.58）/7.96）]$

$[12×12/(12+12)]1/2 = 0.76 \times 2.449 = 1.86$，$t_{计算} < t_{0.05, 11} = 2.23$，结果表明，无显著性差异。

⑤由于普通用户组对最佳答案和可接受答案的选择之间没有出现显著性差异，对此可做进一步的分析。每道题按选择的人数除以参试总人数，依所占比例的多少顺序，重新排列。回答最佳答案所占百分数用加粗表示，而可接受答案所占百分数用斜体并加上括号表示，结果见表5-3。由表5-3可见，普通用户组选择最佳答案在每一题各个选项中所占比例基本上是最高的，说明普通用户组基本能从汽车外形一致性做出较为准确的判断，但需要指出的是第12题，选择最佳答案的人数并非占比最大，出现了奇异值，但对整体统计可靠性不产生影响。这一结果说明，虽然普通用户对汽车内外饰造型一致性的认知敏感度不如具有专业背景的设计人员（选择最佳答案平均比例：设计组67.74%，普通用户组45.64%），但是具有正确感知汽车造型内外饰一致性的能力。

根据以上实验结果分析，从统计学的角度上可以证明汽车内饰空间特征与内饰造型之间存在一定的映射关系；针对实验目的主要考察的三个问题可以做出如下解答。

①汽车内饰造型风格与外饰造型风格的认知存在匹配关系；
②汽车内饰形态与汽车内饰空间形态存在认知匹配关系；
③设计师和普通用户之间对于这一认知存在显著性差异。

进一步地，通过所列实验结论可以发现，设计师对于最佳答案和可接受答案的选择上表现出显著性差异，而用户则没有。换句话说，则是对于具体汽车内外饰一致性的具体判定内容（内饰风格、内饰形态）的认知准确性上，设计师表现出明显的敏感性，而用户则稍显迟钝。

表5-3　普通用户组对6个答案序号选择人数与参试人数比（百分比）

题号	车型1	车型2	车型3	车型4	车型5	车型6
1	**43.18**	40.91	38.63	36.36	*(34.09)*	25.00
2	**47.73**	38.64	*(34.09)*	34.09	31.82	20.45
3	**50.00**	*(36.36)*	36.36	34.09	20.45	18.18
4	**47.73**	40.9	*(34.09)*	34.09	25.00	18.18
5	**50.00**	*(40.91)*	31.82	29.55	27.27	20.45
6	**50.00**	45.45	38.64	*(34.09)*	22.73	15.91
7	**52.27**	45.45	40.91	*(34.09)*	22.73	9.09
8	*(50.00)*	45.45	43.18	27.27	27.27	9.09

续表

题号	车型1	车型2	车型3	车型4	车型5	车型6
9	**38.64**	(36.36)	34.09	34.09	34.09	22.73
10	**59.09**	(52.27)	36.6	31.82	18.18	13.64
11	(47.73)	**45.45**	40.91	38.64	20.45	9.09
12	54.55	(47.73)	40.91	**36.36**	13.64	13.64

虽然这种关系的机制所产生的原因以及范畴尚不清晰，但是为汽车内饰与外饰之间的关系提供了一个新的可信的认知角度，并且这种映射关系也从侧面佐证了汽车产品的空间性。从汽车内外饰空间形态的匹配实验过程来看，无论是设计师，还是普通汽车用户，对于汽车内外饰空间形态是否一致性判断并不是依据工程的确切数值，而是根据人的主观感性认知，本质上是个人对汽车内饰空间与汽车外饰的感性认知相匹配的过程。更进一步地，对于汽车内饰的感性认知，就是人对于汽车内饰空间的形态的感性认知，是对构成汽车内饰空间形态的各个要素认知的结果。

值得注意的是，在这里提及的汽车内饰空间形态不是具体工程尺寸而是一个设计形态空间。即人们对于汽车内外饰形态的认知，是建立在构成空间形态的要素之上的。构成空间形态要素并不是指构成汽车内饰形态的具体造型要素，而是构成人对空间形态认知的要素。在下面的章节中将对这些构成空间形态的具体要素进行明确和深入讨论。

5.3 汽车内饰的空间形态要素

本节研究的空间形态中的形式部分并不是指具体的汽车内饰空间的某一部件或者某部件群所显现的具体形式，而是指空间所呈现的整体性的形式，是对于空间整体形式视觉层面的认知概括，属于人的主观认知。汽车各部分的比例[9]及其形态设计在汽车设计中极其重要[10]。这本书中，空间的形态要素主要是关于空间尺度、空间张力以及空间表意，本节将针对这三个问题进行研究。

5.3.1 汽车内饰的空间尺度

尺度（Sale）有别于尺寸，尺寸可以用于对物或者空间进行精确的数据描述。所谓尺度，就是在不同的空间范围内，物体形态及其整体给观测它的人产生的感觉，物体的大小尺度与其真实大小有关，但是不等同于其真实大小尺寸，是一种人的心理感受。汽车内饰空间是一个人造的空间，所服务的对象是人，古希腊哲学家毕达哥拉斯认为"人是万物的尺度"。对于尺度的感知，可以通过人的视觉、触觉、听觉等器官进行反映，汽车内饰设计是以视觉为主的产品设计范畴，因此，本书中主要从视觉的角度对尺度问题进行研究。

尺度是审美评价、趣味判断的根据之一，是艺术活动创作进行调节的标准化原则[11]。沈莉颖[12]认为对于空间尺度的感知可分为静态感知和动态感知，所谓静态感知是指基于视觉的对于空间元素的真实大小尺寸的感知；动态感知是基于人对于空间体验的一种空间序列感知，例如，空间变化频率以及空间中兴奋点布置的状况等。对于汽车内饰空间而言，汽车内饰空间的静态感知即是对于其空间实体本身以及构成空间的要素的尺度感知，而内饰空间的动态感知则是关于空间元素排列的给人以视觉上的表达和心理感受。在提及这个问题的时候，沈莉颖用空间变化频率以及空间中兴奋点布置的状况来描述，相对于其他空间，汽车内饰空间中空间变化频率相对较弱，在内饰空间形态的讨论中可将其忽略。所谓汽车内饰空间中的兴奋点布置可以认为是引起人注意的内饰特征的布局，是内饰部件或元素视觉平面上的布局。总之，汽车内饰空间尺度受到汽车内饰空间部件大小尺寸及视觉平面布局这两个因素的约束。需要指出的是，空间尺度问题是一个十分复杂庞大的问题，在此仅讨论小型围合空间视觉层面上的尺度问题。

从汽车内饰设计的角度上来看，汽车内饰空间的尺度不但是人对于汽车内饰空间尺寸的心理反应，也是一个对于空间属性的重要表征。在"中国重汽HOWO中卡"项目案例中，项目委托方要求设计方案体现出汽车内饰空间"中卡化"。从视觉角度上来看，外饰尺寸上中型卡车和轻型卡车确实存在着明显区别，但是对于内饰而言，不易从尺寸差异进行分辨。因此，"中卡化"实际上转化为一个显现"中卡尺度"问题。本书将通过"中国重汽HOWO中卡"设计项目与"中国重汽HOWO轻卡"设计项目的最终方案对比，进行汽车内饰空间尺度问题的分析。

图5-4为HOWO中卡和HOWO轻卡内饰设计方案，通过对方案效果图进行处理，

再通过油泥模型成型对最终设计方案进行布局提取。由图5-4可见，两种车型驾驶室座位数量是不同的，或许据此也能区分中卡和轻卡。然而，仅以座椅数来判断，尚不足为凭。如果对最终方案进行一定的处理，把具有尺寸认知辅助的座椅部分遮蔽，形成图5-4中效果图处理部分显示的图样，则仅依据尺寸感对中卡和轻卡的认知进行判断仍是较为困难的。尽管如此，通过效果图的观察还是可以感受到一种难以准确描述出来的尺度感，这实际上是构成内饰空间部件尺寸的一种心理感受。为了更进一步明确空间尺度问题，在造型确定性强的油泥模型上提取造型特征与特征线；再将其简化，进行一个布局抽取。提取元素为视觉上最明显的特征线、特征以及内嵌特征。在这里，内嵌特征指的是在较强特征中包含的某些部位的小尺度特征。通过提取的特征可以发现，视觉上的尺度受内饰特征部件的布局关系影响，这种布局关系即是一种动态布局的关系，所提取的特征实际上就是"空间布置的兴奋点"。从布局提取图中可以发现，相比HOWO轻卡，HOWO中卡的布局提取图中内嵌特征较多，而特征轮廓线明显较少且较简约。对于轻卡而言，则有较多的外显特征。可以认为，特征与特征线在平面视觉布局中，是汽车内饰空间尺度的表征途径之一，是汽车内饰空间尺度信息的载体。

	最终方案效果图	效果图处理	油泥模型	布局提取
HOWO中卡				
HOWO轻卡				

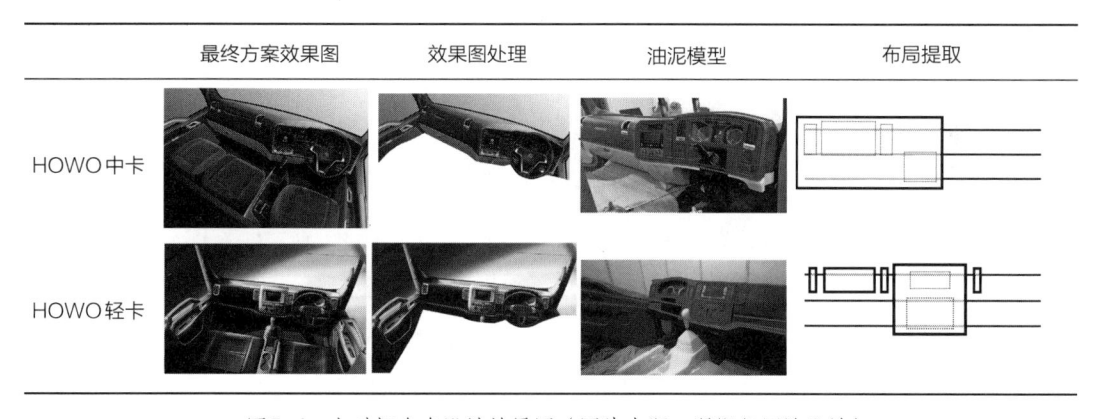

图5-4 电动概念车设计效果图（图片来源：课题组团队设计）

5.3.2 汽车内饰的空间张力

张力是一种力，不是单向的，而是多方向的力；它也是一种运动。这种力发自客体内力，是知觉活动感受到的一种力[13]。张力是一种表面的力量，形状由轮廓和表面形成。要能产生张力，就必须看见与形状相关且相对的力量，设计要通过轮廓和表面的工作赋予形状力量。这种所谓的"力度",是"只可言喻"而"不可名状"的,但又是真实存在的一种视觉和心理上的冲击。而且这种冲击是内在驱动的,可以认为是一种美学上的"力"[14]。所谓物理变量,是指空间或形态的实在的、可量化描述的变量;因此,空间张力也可以说是一种心理变量,空间张力是指空间形态、色彩、肌理以及不同组合状态在心理形成一定的空间的变化,和对形态发生的心理变量。物理实体通过自身的形貌和特性向周边空间辐射,给人以不同的感受,这样的一个过程,也是一种物理实体在相对有限的物理空间内生发出较为广阔的心理空间。阿恩海姆[15]在其著作《艺术与视知觉》中的第一章《平衡》,讨论视觉判断的过程中提出了一种他称为心理的"力"——"张力"这一概念;在第九章《张力》对此进行了进一步的描述。根据他的观点,这种"张力"是活跃在大脑视中心的那些生理力的心理对应物,人通过物的形态来感受张力;更进一步说,以空间作为视觉对象,张力依附于构成空间的具体的空间特征的形态之中。对空间的视觉差影响人们对物体和空间的认知[16, 17]。将人的视觉错觉应用在汽车内饰设计中,是一种行之有效的扩展内饰空间方法[18]。物体的张力也可通过人的视觉错觉进行传达[19],轮廓、线条和表面既能体现内饰空间特征,也是表现汽车内饰空间张力的表达元素。在"中国重汽HOWO中卡"项目中,从最终内饰方案的不同细节关系来看(图5-5),虽然整体的造型线没有变化,但是在显示屏以及中控部分(图中蓝色区域)的造型差异,可以感知到一种由视觉上所带来的"力"。图5-5A(方案A)与5-5B(方案B)比较,方案B的方向盘与仪表盘之间区域的外轮廓在视觉上明显呈现出"压迫感"。对于座椅设计,在相同造型的基础上,汽车座椅的缝合线"走势"不同带来了视觉上的变化。可以明显发现,相对于方案B,方案A的汽

内饰方案中控台细节关系对比　　座椅方案细节关系对比

图5-5　中国重汽HOWO中卡设计细节方案对比(图片来源:项目组设计方案)

车座椅缝合线之间的曲率关系更大，线与线之间的关系从视觉上带来一种紧张感，从而使人感觉座椅更加有包裹感和紧凑感。

如果说尺度是汽车内饰空间元素之间的布局关系的表征，张力则是汽车空间元素在视觉上的心理认知。这种认知关系是由空间元素在视觉特征上的相互作用关系体现，并不是对单一特征的形态的描述，是多个空间元素是视觉特征的形态协同表达的要素。

5.3.3　汽车内饰的空间表意

表意是一种语义学概念，用来表现概念或事物的语言符号与它所表现的概念或事物之间的关系。空间形态本身也被视为反映产生它们的文化，物质形态变化，为特征模式提供了基础[20]。表意在影视行业中，意在影视空间某种程度上对影视叙事、影视风格、情感渲染进行表达。"形"与"意"一直是中国传统绘画中两个极其重要的概念，"形""意"交融乃绘画之中的高境界。在建筑领域，中国传统城镇建设过程中，通过"以形表意"的方式将文化图式融入城镇空间之中以表达对美好事物的追求[21]。索绪尔（Saussure）在其著作《普通语言学教程》（*Cours de Linguistique Générale*）[22]中，认为语言是一种符号的系统，在其后的符号语义研究之中，进一步将其区分为自然语言符号与非自然语言符号，"符号"成为语言中意义的表征载体。设计学在此研究基础上涌现出了以产品造型作为语义载体，对于"符号"而言，在设计学中，以此为基础，克里彭多夫（Krippendorff）和布特（Butter）[23]将产品语义（Product semantics）定义为产品语义是一种"造型语言"，产品语义研究的不同造型表征在社会环境下的意义。因此，产品的造型特征是语义的形态表征。本书中的"形"是指形态，即视觉形象中的形式与状态，而"意"是由视觉形象中的形态传递出来的信息，即视觉中"物"的形态所含意义[24]。形态与意义的结合主要有两类，一是从设计者角度出发，着重强调如何使产品的形态产生意义，亦即"创意"；二是从产品使用者或者欣赏者的立场来看，产品形态有何意义，或者说，看见产品形态会使人产生什么样的联想[25]。

设计中"形"和"意"之间的关系，也是一个设计师通过产品塑形"表意"和用户对产品形态的"释意"过程。用户对产品意义的理解与"传达者"——产品设计人的本意一致的情况，我们可以称为"达意"[26]。前文提到的"中卡化"和"轻卡化"就是一个"意"的体现，虽然在本节的讨论中，主要的讨论重点并没有从特定的某个汽车内饰部件的外形角度对汽车内饰空间的"意"进行探讨；但是通过对具体设计案例的分析可以发现，于汽车内饰空间而言，除了汽车内饰空间特征的具体形态之外，空间尺度和空间张力同样具有表意的作用，这种表意虽然不是一种特定形态的直接表达，但其本质是一种形态之间的相互组合关系，是多种产品形态的协同表达。因此，汽车内饰形态特征也包含在内饰的空间形态特征之中，而内饰空间形态则由空间尺度、空间张力和空间表意三者构成。空间尺度和空间张力是汽车内饰空间作为一个产品空间有别于其他工业产品的形态属性。

5.4 汽车内饰的空间设计主题与形态

产品功能需要通过形态来实现功能的表达[27]，产品的功能与形态是构成产品的主要元素，两者的关系决定了产品在人类面前存在的形式，"形态"有两层意义，一指外形；二指神态或精神势态，例如书画领域所谓之"形神兼备"。文化是产品设计的本质之一，产品的内涵文化是产品设计的灵魂[28]，其设计主题是通过语义或象征性特征来进行表达的。相同的，汽车内饰空间设计主题也是通过空间形态特征与表示主题内涵的语义来表达。

5.4.1 设计主题

适当的语义描述有助于设计师在设计过程理解产品所含意义和主题，以及更明确、更有效地挖掘该产品的设计理念和意义[29]。作为贯穿于设计过程和设计结果的核心设计思想，主题可以有效地指导整个造型设计工作[30]。从设计流程上来看，设计的表意包含于设计主题之中，在"中国重汽HOWO中卡"设计项目中，在设计输入阶段，企业方强调突出"中卡感"，是此设计活动中"表意"的具象内容的表达，也是设计的主题。这个表意实际上是一种对于设计需求的约束，通过这种约束可以为设计的产品构建一个关于其各种属性以及适用范围的"空间"，而这一"空间"实际上就是对各种需求的具体描述的集合。任务输入阶段由各种设计要求约束所构成，从宏观来看设计要求约束贯穿整个设计流程，设计的主题包含设计意义的信息，设计主题就是一个与空间意义有关的表达[31]。

设计主题往往是模糊的，并且是一个包含隐形多重信息的载体。例如"中国重汽HOWO中卡"项目中，"中卡化"就是一个十分含糊的主题。这个模糊具体体现在对于主题描述的不确定性。如果将品牌的因素考虑其中，"中国重汽的中卡"和"其他品牌中卡"是一定有所区别的，此处强调的是中国重汽品牌的中卡。在实际的设计案例中，对于设计主题的解读以及如何由设计主题生成造型至关重要。在此，通过本人全程参与的湖南大学与中国中车合作的设计研究项目"中车株机美学战略手册"对此问题进行讨论。

"中车株机美学战略手册"是中国中车（株洲）有限责任公司委托湖南大学设计艺术学院进行的设计研究项目，项目时间从2016年8月至2017年10月，历时十三个月，目标是提出一套轨道交通产品设计的设计规范与若干设计工具，辅助企业进行产品设计与设计评价。项目研究包括四个阶段：项目总体构建阶段；特征标定阶段；语义调研阶段；方法构建阶段。项目组最后提出了包含六个设计规则、七个设计工具以及二十个造型原型特征的一套完整的设计规则和流程。虽然本书研究的是汽车内饰空间问题，但本质上是一个产品设计问题，因此，此项目的探究方法对本书的研究具有普适意义。需要指出的是，这一项目所研究的涵盖面十分广泛，在此仅针对项目中涉及语义以及设计主题的相关研究展开讨论。

项目研究所涉及的群体分别为中车企业高管、中车企业设计员工、中车企业其他员工三个群体。在前期语义调研过程中，首先通过九人（高管）429分钟的录音采访，针对目前轨道交通的受众群体，获取了第一手的原始语料。再使用KJ法，将问题内容对应的答案索引进行聚类。然后，将答案索引划分为三个层级的索引，并归纳出索引框架（图5-6），从中提取语义。为了进一步对这些语义进行明确和筛选，在此基础上，将所提取的语义再次采取问卷调研的形式进行筛选，面向企业设计师以及其他企业人员发放问卷，其中包含361份网络问卷和325份企业纸面问卷，对问卷进行统计分析共获取102个语义词，确定为中车株机产品语义。

将所提取的产品语义按照普希罗（F.Pucillo）和卡斯尼（Cascini）[32]提出的目标价的三层次体系，将索引框架进行分类，依照这三种层次对语义进行抽取和归类并建立语义原型库。语义原型库分为意义层级、功能形式层级以及操作层级三个部

一级索引		二级索引					三级索引
技术		机车	动车高铁	地铁	轻轨	磁悬浮	技术特征 造型特征
品牌	文化	理念	湖湘特点				
	策略	客户导向	客户习惯	全价值			
	产品形象	涂装	产品风格	株机基因	竞品		阿尔斯通 庞巴迪 ……
	行业定位	地位	优势				
未来展望	趋势风格	扁平几何	亲和科技	切割智取	绚丽流畅	简约机能	

答案索引框架

图5-6 问题答案索引框架（图片来源：自绘）

分，这三个部分分别对应品牌语义、车型类别语义、具体产品语义（图5-7）。克劳夫特（Croft）认为，层级关系是语义构造的重要联系、低层次语义与高层级语义上存在着传承（Inherit）关系[33]。即低层次语义受到高层次语义的约束，而高层次语义决定了低层次语义的范畴。针对信息的层级权重而言，凯（Kay）和费尔默（Fillmore）[34]则提出，信息储存于层级的最高级别之中。这样看来，中车株机的语义原型库实际上

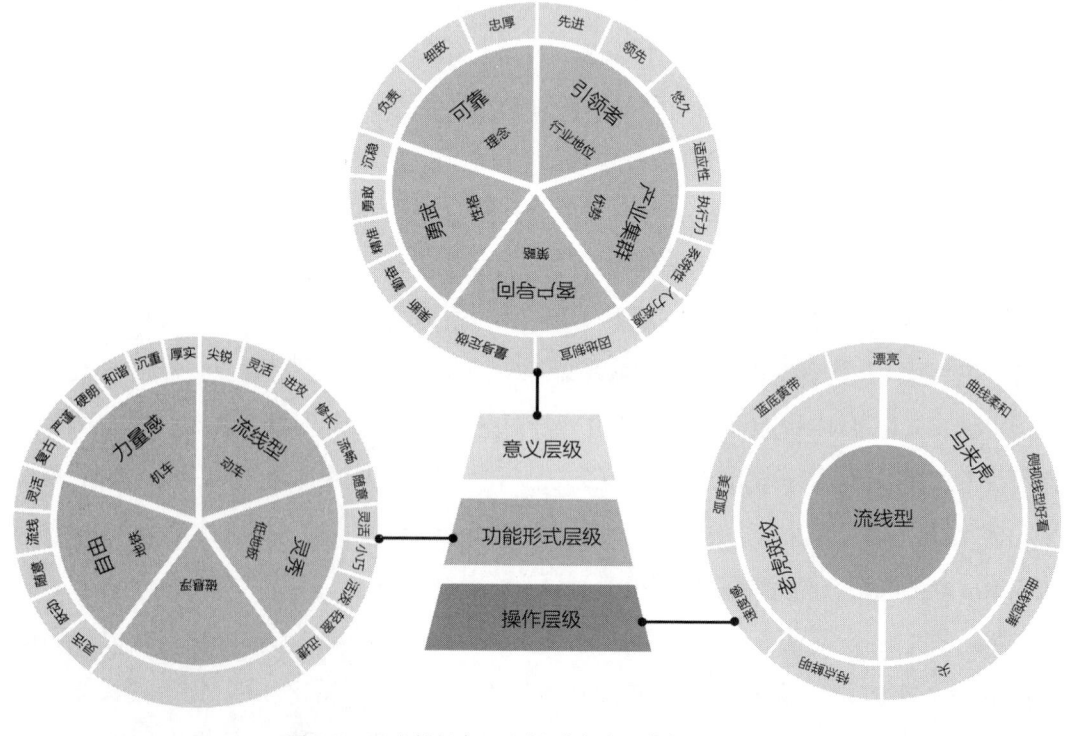

图5-7 语义层级与语义原型库（图片来源：自绘）

的是一个从品牌到具体产品、自上而下的语义"空间",并不是一个单纯地针对某一个产品的若干平行的外形描述性的语义。品牌语义含有该品牌产品的大部分造型信息,车型类别与具体车型的语义则是从具象的层面来描述产品的造型信息,是一种对于品牌语义的补充。换句话说,这种语义层级关系可以概括为品牌语义描述的是产品"气质",车型类别语义描述了产品"是什么",而具体产品语义则描述产品最终呈现的"样子"。

5.4.2 主题与造型意象

在"中车株机美学战略手册"项目中,设计主题由一个主语义(Topic)、两个成分语义(Semantic)和一个补充语义组成,语义均来自中车株机产品语义池。语义池中有三种语义类型:品牌高层语义、车系风格语义、客户需求语义,分别用红、蓝、绿三种颜色的卡片表示,排列在语义池列表内。每个设计主题都有自身的取向,首先从语义池中根据取向选取对应的主语义T,主语义可以来自三个语义层级中的任何一个层级。其次在主语义以外另两个类型的语义池中分别选取一个作为成分语义。最后,由设计师根据自己的设计意图自行制定一个补充语义,补充语义用灰色卡片表示,不应该与主语义和成分语义产生冲突。为设计师提供可靠的一个设计依据。每个主题是由一个主语义、若干成分语义与补充语义所组成。主语义代表设计主题最需要表达的语义,而成分语义与补充语义则是对于设计主题的补充以及支持(图5-8)。

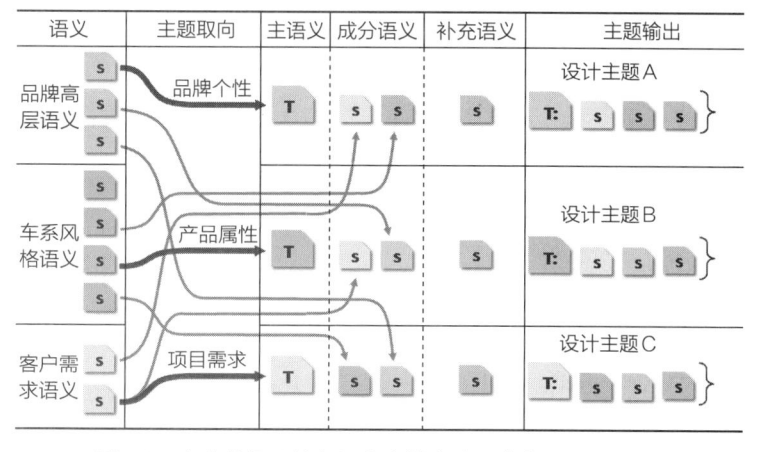

图5-8 中车株机设计主题生成模式(图片来源:自绘)

虽然"中车株机美学战略手册"项目的启动时间晚于"中国重汽HOWO轻卡内

外饰设计项目""中国重汽HOWO中卡内饰设计项目"及"E200电动车内饰设计"的项目时间。但是对于主题与语义分析以及设计主题的生成模式,"中车株机美学战略手册"项目实际上是一种基于上述设计实践中所体现出的设计规律的提炼。回溯到汽车内饰设计上,设计主题实际上是不同层级的语义所形成的语义集合。在"中国重汽HOWO轻卡"项目设计中,虽然从品牌语义层面没有提出"中国重汽品牌的轻卡"这一概念,但是在设计过程中,中国重汽的品牌概念已经融入其中,张文泉曾对这方面问题进行研究,并有所论述[35]。在汽车设计流程中,内饰设计往往是在汽车外饰设计完成之后进行的,因此实际上在重卡的内饰设计中,对于重汽的品牌高层语义已经以一种"渗透"的方式体现在汽车内饰造型之中,本章的汽车内外饰空间形态一致性的实验结果也为此提供了理论支持。在"中国重汽HOWO轻卡内饰设计"项目中,轻卡化本质上是从一种车型类别的语义角度凸显这一概念,是一个车型语义的表征。进一步地在"中国重汽HOWO中卡内饰设计"项目中通过对车型的内饰布局的分析与本章中对于空间尺度以及空间张力的研究,可以发现,乘坐空间布局以及部件视觉层面布局是车型语义的表现,因此,车型语义和汽车内饰空间布局是有着强关联的。兰格克尔(Langacker)[36]强调语义在产品设计中的重要性,明确提出语义是连接意义和形态的耦合关键(Phoneme-meaning pairings),并以"象征单元"(Symbolic unit)的概念作为语义的基本单元,将其定位于"形意配对体"。在具体汽车内饰空间设计项目中,采用意向图语义相关的语义意向版,对设计进行辅助生成具体造型,是一可行的途径[37]。

在第3章提及的"E200电动车内饰设计"项目中,在设计初期甲方曾提出了以"关怀"为设计造型的主题,而针对这一主题,设计师采用了不同的造型意象对语义"关怀"这一主题进行了解读(图5-9),在造型意象的选择上可以发现,不同设计师对于语义的解读相异,是一种设计师个人设计意图的体现。

综合以上分析,汽车内饰设计生成可以归纳为一个由主题集合下的语义驱动的物化过程,在实际的汽车内饰设计过程中,与中车株机项目的语义过程有所不同。在设计的时间线上,在一个主题集合中包含的不同语义层级约束着汽车内饰不同阶段的造型生成。在实际的设计过程中,汽车内饰造型不会独立于汽车外饰造型而存在,因此汽车内饰造型是汽车外饰造型的延伸,也是汽车品牌气质的延续,和汽车外饰造型保持一致性;而车型对于汽车内饰特征的反映就在于汽车内饰的布局之中。在操作语义层面反映为设计师针对当前设计方案提出的个人的设计意图。

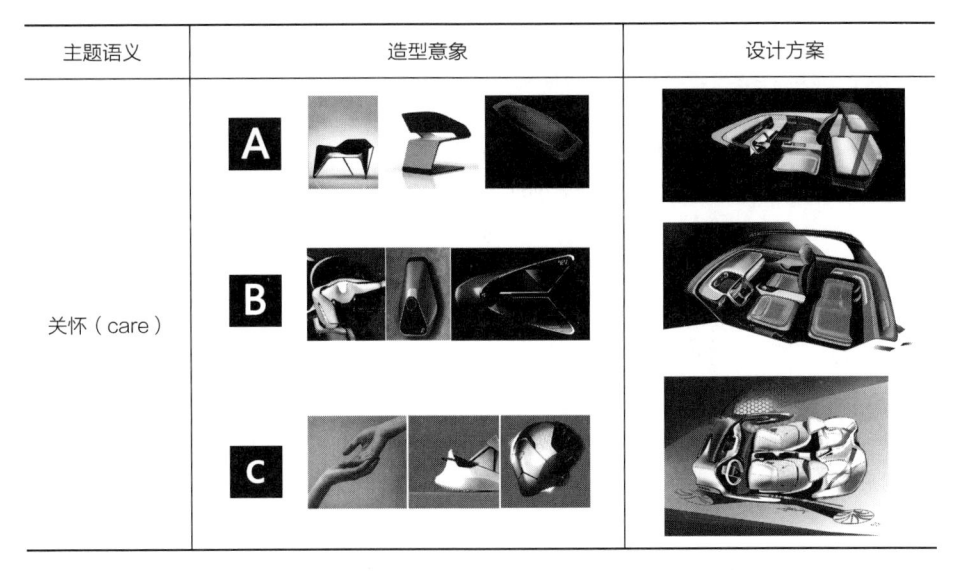

主题语义	造型意象	设计方案
关怀（care）	A	
	B	
	C	

图5-9　E200电动车内饰设计（图片来源：项目组方案）

5.4.3　新趋势下的移动空间形态

移动空间（Mobility space），特指可移动性空间，是交通工具的存在方式。有两重含义，第一，是指一个实体物理空间的移动，是从A点到B点意义上的移动，涉及行走、操控、气动原理等技术层面的问题；第二，是指社会空间、信息空间之中的所谓移动空间，特指个体的特属空间（汽车内饰）与所处的社会环境、人文环境和信息环境之间的交互空间。随着移动互联、智能驾驶和5G技术发展，移动空间的社会属性和交互信息属性将发生变异，导致空间形态产生巨大的变化，同时也存在很大的不确定性。

虽然在量产汽车中，由于市场的妥协以及生产成本的局限性，汽车内饰空间的这一现象表现得并不明显，但是这一趋势却越来越多地体现在概念和前瞻设计上，表现为对未来的一种空间"构架"设计。例如，该研究方向学生参加CDN大赛获得的金奖作品就很好地诠释了汽车产品"社会属性和信息属性"的趋势。

通过对该作品作者的采访，了解其设计意图发现，作者以HBO黑镜剧集的观念作为基础，从中抽象出"内与外""黑与白"的概念延展从而进行概念设计，图5-10所示为该项目获奖作品图。此设计的目标实际上并未专门针对汽车内饰进行设计，但是在最初的设计构思中作者认为汽车是一个空间性的产品，空间中"内""外"的哲学关系也契合了作者的灵感来源。从这一角度上来看，本书作者认为，作为一个整体，汽车空间形态的生成应当是一个"由内而外"的过程，即汽车内饰的形态决定汽车外饰形态的生成，而汽车的外饰形态反映出内饰形态。

设计师针对车辆的内部布置方式和方案，对未来的出行方式以及驾驶方式加以考察。在产生了一定量的空间布置草案后，对它们进行进一步的推敲，包括将这一类粗

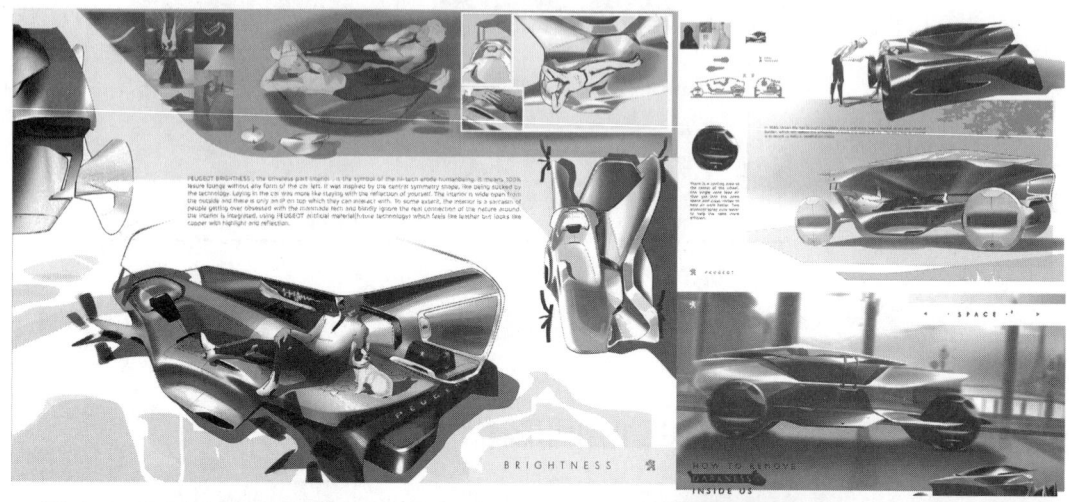

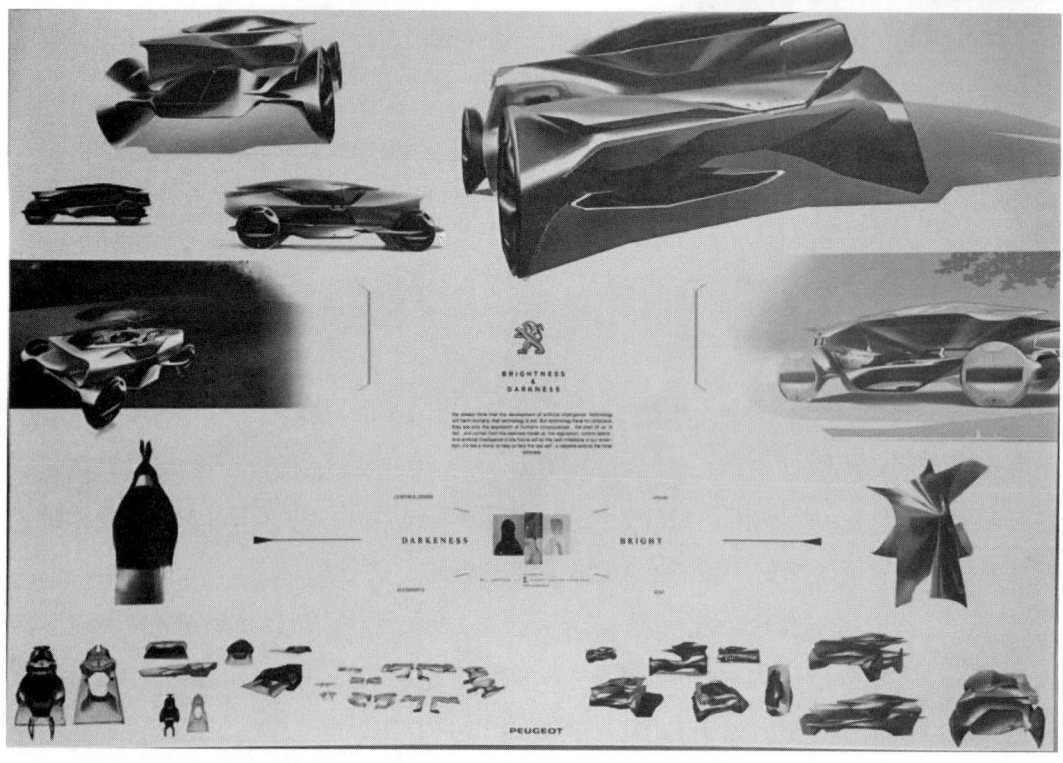

图5-10 CDN大赛金奖作品（图片来源：获奖者方案展板）

略的手稿推敲转化成交通工具本身这一过程，也就是常说的内饰与外饰设计。内饰能够更加直接地体现人与工具之间的交互关系，从而演变成了空间形态生成的主导因素。这也决定了此设计方案最终是一个内外饰"贯通"的构形，这是由于内饰承担的功能多样性与复杂性所决定的。在这个项目中，以产品实体对驾乘者形成半包围或全包围的物理空间，产品实体为中心向外辐射形成感知范围从而构成感知动态空间。物理空间和感知动态空间承载且诠释了产品的实用功能与美学功能，反映了移动空间的社会属性和交互信息属性。从这个案例中还可以发现，随着未来无人驾驶的普及，汽车内饰空间的操作功能性逐渐弱化，而空间的居住性、社会性和交互性逐渐增强。因此，人在汽车内饰中所处的状态也会改变，这一变化实际上是汽车内饰的布局发生了改变，同时又表现为汽车外部形态的变化。

虽然比赛作品中呈现出来的"车"已经超越了大多数人对于汽车造型的认知，但是这一案例仍然反映了汽车外饰作为汽车内饰空间的"边界"而存在，并且这个边界的形态受汽车内饰形态的影响，外饰造型充当了内饰造型的语义表征以及边界表征。从设计过程来看，有别于在传统汽车造型设计中，以外饰设计为主导、内饰设计为"附属"的现象。此案例的设计过程是以内饰设计前置，汽车外饰设计契合内饰设计，换句话说，有别于传统汽车设计"由外向内"的设计过程，未来的汽车设计将表现出"由内向外"的设计过程。而此作品获得金奖，从一个侧面也反映出这种趋势是被主流设计界所接受的。需要指出的是，新趋势下的移动空间形态是内饰空间形态的拓展和变异，包含了更多的社会属性和交互信息属性，但仍然是一个空间特征、空间布局和空间形态问题，也是设计创新和设计构架问题。

本章参考文献

[1] GerardM.Dalg. 韦氏高阶英语英汉双解词典[M]. 2版. 北京：外语教学与研究出版社，2009：1257.

[2] 齐康. 建筑空间形态——建筑形态研究提要[J]. 东南大学学报（自然科学版），2000，30（1）：1-5.

[3] HILLIER B. The nature of the artificial: the contingent and the necessary in spatial form in architecture [J]. Geoforum, 1985, 16 (2): 163-178.

[4] GOSPODINI A. Urban design, urban space morphology, urban tourism:

An emerging new paradigm concerning their relationship [J]. Journalof European Planning Studies, 2001, 9（7）: 925-934.

[5] RYAN K, VAUX D. From Shape to Form | Bridging the 2D to 3D Spatial Gap in Design Thinking [C]. USA: Interior Design Educators Council Idec Conference, University of Minnesota, 2014.

[6] KOIZUMI K, KANKE R, AMASAKA K. Research on automobile exterior color and interior color Matching [J]. Int. Journal of Engineering Research and Applications, 2014, 4（8）: 45-53.

[7] 刘弘渊. 汽车内饰件色差分析与控制[D]. 上海：上海交通大学, 2007: 2-4.

[8] 张佳珺. 解读汽车造型中的形态语义[D]. 南京：南京理工大学, 2007: 1-2.

[9] LUCCARELLI M, LIENKAMP M, MATT D, et al. Automotive design quantification: parameters defining exterior proportions according to car segment [C]. SAE World Congress & Exhibition, 2014.

[10] ASAMI H, ANDO T, YAMAJI M, et al. A study on automobile formdesign support method "AFD-SM" [J]. Journal of Business & Economics Research, 2010, 8（11）: 13-19.

[11] 陈元贵. 仪式与审美尺度问题[D]. 上海：复旦大学, 2006: 8.

[12] 沈莉颖. 城市居住区园林空间尺度研究[D]. 北京：北京林业大学, 2011: 5.

[13] 李明同. 建筑序列空间中的综合"张力"体验[J]. 装饰, 2012（7）: 74-75.

[14] SELLIN E. Simultaneity: driving force of the surrealist aesthetic [J]. Twentieth Century Literature, 1975, 21（1）: 10-23.

[15] 鲁道夫·阿恩海姆. 艺术与视知觉[M]. 藤守尧, 朱疆源, 译. 成都：四川人民出版社, 1998: 1-24.

[16] DANCKERT J A, SHARIF N, HAFFENDEN A M, et al. Atemporal analysis of grasping in the Ebbinghaus illusion: Planning versus on-line control [J]. Experimental Brain Research, 2002（144）: 275-280.

[17] HAFFENDEN A, GOODALE M A. The effect of pictorial illusion on prehension and perception[J]. Journal of Cognitive Neuroscience, 1998, 10（1）: 122-136.

[18] YANG E, AHN H J, KIM N H, et al. Perceived interior space of motor vehicles based on illusory design elements [J]. Human Factors and Ergonomics in Manufacturing and Service Industries, 2015, 25（5）: 573-584.

[19] PRINGLE T. The Space of Stage Magic: A Study of the application of optical, mechanical, and psychological principles in classic stage illusions and their possible Relation to 20th-/21st-Century experiences

of interior architectural space [J]. Space and Culture, 2002, 5（4）: 333-345.
[20] LAWRENCE D L, LOW S M. The built environment and spatial form [J]. Annual Review of Anthropology, 1990（19）: 453-505.
[21] 王兴彬. 图形设计中的形与意[J]. 艺术品鉴, 2015（2）: 74-74.
[22] 索绪尔. 普通语言学教程[M]. 高明凯, 译. 北京: 商务印书馆, 1980.
[23] KRIPPENDORFF K, BUTTER R. Product Semantics-Exploring the Symbolic Qualities of Form[J]. InnovationSpring, 1984, 3（2）: 4-9.
[24] 马奔. 形与意传统图形在标志设计中的运用[J]. 上海工艺美术, 2017（2）: 56-57.
[25] KLEMMER S R, HARTMANN B, TAKAYAMA L. How bodies matter: five themes for interaction design [C]. New York: Proceedings of the 6th ACM conference on Designing Interactive systems, 2006: 140-149.
[26] 钟蕾. 立体造型表达[M]. 2版. 北京: 中国建筑出版社, 2010.
[27] 罗京. 产品设计形态主题探析[J]. 包装工程, 2016, 37（2）: 172-174.
[28] KENT S. Analyzing activity areas: an ethnoarchaeological study of the use of space [M]. Albuquerque: Univ. New Mexico Press, 1984.
[29] RENGEL R L. A theory of reference for product design: the semantics of product ideation [D]. Birmingham, BritishThesis: Birmingham City University, 2008.
[30] 郑文文. 基于主题的汽车类复杂产品造型设计研究[D]. 长沙: 湖南大学, 2014: 14-24.
[31] 彭婷. 空间语义化下城市规划馆展示设计的主题表达与情感传递研究[D]. 长沙: 湖南大学, 2016: 17-27.
[32] PUCILLO F, CASCINI G. A framework for user experience, needs and affordances[J]. Design Studies, 2014, 35（2）: 160-179.
[33] CROFT W. Some contributions of typology to cognitive linguistics. In Jassen T, Redeker G. Cognitive linguistics: foundation, scope and methodology [M]. Berlin: Mouton de Gruyter press, 1999: 61-94.
[34] KAY P, FILLMORE C. Grammatical constructions and linguistic generalizations: The what's X doing Y? construction [J]. Language, 1999（75）: 1-33.
[35] 张文泉. 辩物居方, 明分使群——汽车造型品牌基因表征、遗传和变异[M]. 北京: 北京理工大学出版社, 2012: 82-100.
[36] LANGACKE R W. Foundation of cognitive grammar: theoretical prerequisites [M]. California: Stanford University press, 1987: 328.

[37] DIAGNE S, COULIBALY A, BEUVRON F D. Towards a conceptual semantic design for mechatronic product's family development[C]. Montreal, QC, Canada: Proceedings of the 2014 International Conference on Innovative Design and Manufacturing (ICIDM), 2014.

第 6 章

汽车内饰的空间模式与设计

6.1 概述

汽车内饰空间设计方法主要包括两个部分：汽车内饰空间认知与汽车内饰空间设计方法，前者指本书在对哲学空间观以及空间认知进行研究的基础上所提出的汽车内饰空间认知，属于空间模式的研究；后者是依据汽车内饰空间研究框架中提及的内饰空间特征、空间布局和空间形态三个设计要素，结合本书对于汽车内饰空间三个设计要素进行的分析，提出汽车内饰空间设计模式构架，从而指导设计师进行设计实践，属于空间设计的研究。本书讨论的设计方法包含理论的"求真"以及实践的"求用"两个层面。

关于方法的研究，从本质上来说是人类通过特定的手段来认识和改造世界的理论，要解决"怎么办"的问题，它渗透在各个领域中[1]。在现代设计活动中，设计方法的主要作用是为整个设计活动提供一个有章可循的办法。从微观的角度上来看，设计方法实际上是设计师利用设计领域内的知识并结合个人工作经验对完成设计任务所采取的某种策略。在宏观上来看，设计方法包含着整个设计活动的统筹、产品功能的实现、产品外观造型评价、生产环节的把控以及后续市场营销的战略等[2]。廖林清等基于美国乔森（R.C. Jonhson）教授提出的设计方法论，将设计流程归纳为五个步骤：设计资料输入、项目论证与分析、具体设计实施、设计评价以及产品周期生成[3]。设计资料输入主要通过市场调查收集用户与产品的资料，确定设计项目的总览性纲要；项目论证与分析则是梳理设计资料输入的信息并与项目匹配，提出可行的具体设计实施计划。设计实施包括功能设计、造型设计、材料工艺的选择等，生成多个设计方案。设计评价主要针对生产成本、批量生产和投放市场商业推广，并规划产品迭代周期的过程等进行评估，然后通过产品原型对设计进行进一步迭代优化。以上述学者的观点来看，设计方法论可以大致分为包括三个具体实践部分：设计分析；设计实施；生产分析。

汽车内饰空间设计是一个很复杂的问题，涉及多个学科领域，目前尚处于始发阶段,是一个留给汽车设计师们深入探讨的问题。本书主旨在对汽车内饰空间设计要素及其相互关系进行研究,本章则对内饰空间设计的方法进行初步探讨,讨论范畴以设计实施阶段为基准。在设计师与用户对于汽车内饰空间的认知基础上,即以第2章、第3章、第4章及第5章对空间认知、空间特征、空间布局和空间形态的研究为基础,结合本书中所涉及的相关设计知识,提出汽车内饰空间设计方法与流程。

6.2 空间理论下的汽车内饰认知模式

6.2.1 空间理论下汽车内饰造型的认知属性

空间特征、空间布局、空间形态不但是汽车内饰空间设计的基本研究问题,也是汽车内饰空间认知要素。基于前述章节对空间认知要素的研究可以提出空间角度下汽车内饰造型认知属性(图6-1)。从汽车内饰空间认知角度来说,汽车内饰空间包含空间特征、空间形态以及空间布局三个要素,汽车内饰空间造型则是这三个要素所包含

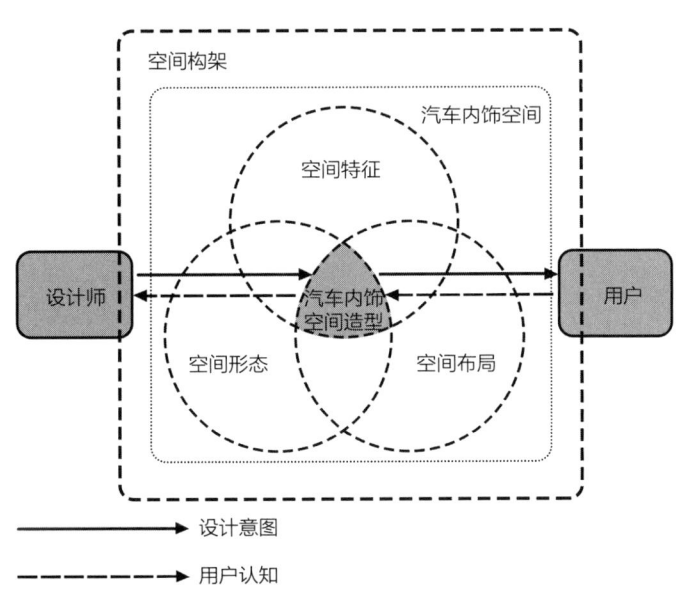

图6-1 汽车内饰空间造型的认知属性(图片来源:自绘)

的信息交集的"形态化"。人对于汽车内饰空间最直接的认知来自汽车内饰空间的形态表征，即汽车内饰空间造型，一种汽车内饰空间设计要素的综合形态物化，也是链接用户认知与设计师设计意图的载体。这里的造型是指汽车内饰空间整体呈现出的形态，而非某一单独或者群组的部件的形态。空间构架即"物与非物的空间构架"，是汽车内饰空间于哲学角度及现实角度所存在的基础，汽车内饰空间设计从设计实践上来说是一个基于空间认知模式下的空间造型设计的过程。

从认知的角度上来看，用户与设计师处于相对独立的两个位置，汽车内饰形态即汽车内饰空间造型，是用户对汽车内饰造型认知最直接的路径。汽车内饰是一个具有空间属性的产品，因此对汽车内饰造型的认知必然包含对空间形态的认知。换句话说，汽车内饰造型认知包含汽车内饰部件造型认知与汽车内饰空间的认知，而且这两种认知方式是并行共存的，共同构成了完整的汽车内饰造型认知方式。空间认知是汽车内饰产品所独有的一种认知方式。

在第2章访谈调研分析中，对借由空间构架以及汽车内饰空间关系提出的汽车内饰空间研究框架进行了初步验证，设计师和普通用户都认为汽车内饰是一个可见的围合边界所构成的空间。虽然访谈调研结果显示设计师和普通用户在汽车内饰空间造型认知方面存在着某些细节上的认知差异（详见2.4.3节），然而对于汽车内饰空间的整体认知是一致的。进一步说，汽车内饰空间的研究框架所提出的三个要素：汽车内饰空间特征、空间布局以及空间形态，不论对于设计师还是用户而言，这三要素不仅是设计信息的载体，也是汽车内饰空间认知的路径。在设计实践中，设计师通过设计工具将设计信息"实体化"，即将这些设计信息用造型的方式表征出来，用户则通过这些造型来认知设计师的设计意图。

综上所述，从设计实践上来说，汽车内饰空间设计本质上是对汽车内饰空间构成的三个要素的信息实体化，是一个设计师运用设计工具将信息实体化的过程。空间构成是汽车内饰空间设计的顶层认知逻辑，而空间要素信息实体化的过程则是汽车内饰空间造型设计的实现手段。

6.2.2 内外饰布局与空间属性

在汽车内饰空间的设计中，汽车内饰空间布局主要是研究人在空间的活动以及空间中人与人之间交流时的相对位置，这种布局方式是一种宏观的平面布局，本书仅研究了以座椅位置为对象的布局。虽然，座椅仅属于空间元素中影响人与空间之间关系的一部分，但驾驶舱内的操纵台以及所有内饰部件的空间形态同样影响内饰空间的流通性。从空间特征属性来说，其造型以及与其他空间部件之间的关系也影响对内饰造型的认知；然而，第2章的访谈实验结果表明，对于人在汽车内饰空间中的流通性以及人与人之间的交流，座椅的影响最为显著。第4章通过对七款不同车型的空间布局采用空间句法分析，可以发现人对于空间的感受是受到人与空间的相对位置关系影响的，并且这种关系也影响到在空间中人与人之间的关系。值得一提的是，空间边界的形态例如车门的设置方式和数量，虽然在空间形态层面对汽车内饰空间布局不会造成影响，然而与用户对汽车内饰的空间认知之间会产生关联。

本书的第3章讨论了不同职业背景的汽车用户对汽车内饰空间特征的认知差异，这些差异实际上就与用户对特征的辨识有关，或者说与空间表意的解析差异有关。这也说明，与空间尺度、空间张力和空间表意密切关联的空间形态也是支撑汽车内饰空间特征的一部分。

通过上述讨论说明，讨论空间特征离不开空间布局和空间形态，可以说，空间特征是对空间认知的基础。对于空间的认知，始于对空间元素的认知。然而，汽车内饰空间的认知颇为复杂，导致认知困难。本书第3章通过实验对汽车内饰造型认知模式进行研究，并将研究结果应用于艾盛电动车内饰造型案例。从实验结果和案例运用表明，对于汽车内饰而言，以特征为主、特征线为辅的认知方式是普通用户对汽车内饰空间的认知范式，可作为设计师进行汽车内饰空间设计意图表现的参考和桥梁。汽车内饰空间形态包含两个方面，一方面是空间元素或内饰部件呈现出的物理形态，另一方面是一个由空间布局形成和用户基于个人经验对空间特征的认知一起产生的"意义形态"。空间形态实际上与空间意义有着较强的关联。

汽车的外饰造型是汽车内饰空间造型风格的外延（详见第5章），通过汽车内外饰空间造型认知差异实验表明，用户可以通过外饰形态的造型风格对汽车内饰造型风格及其特征进行推演。在这一过程中，用户会通过造型风格的判断进而产生语义的解读，如豪华大气等，对汽车内饰产生认知期望，这些造型风格语义等信息也包括了汽车内饰的尺度大小以及体量等，因此汽车内饰形态是汽车内饰的风格造型的集合。从另一个角度来说，汽车外饰设计与内饰设计的风格和特征的趋同性也是检验汽车设计是否成功的因素之一。

6.2.3　空间与汽车内饰造型的关联

前文从哲学以及设计学层面对空间进行了定义和明确，汽车内饰设计问题实质上是一个空间角度下产品系统设计的问题，内饰空间具有其外部和内部表征，外部表征是指汽车外饰造型所呈现的状态，而内部表征则是汽车内饰造型的信息传递。由于空间是一个十分宽泛的概念，其科学应用，迄今主要在建筑学领域以及地理学领域之中。空间中的各个要素对空间的构成产生认知，也影响了空间之中的特征生成。虽然汽车外饰是汽车内饰表征的外延，但是这种表征不是直接的，并不能完全表征内饰的内涵和本质。所以，在汽车内饰造型设计中，汽车内饰空间设计的内在表征仍然需要依靠汽车内饰空间中各种造型特征的集合来表现。

本书第3章通过内饰造型特征认知实验，对于汽车内饰造型的认知方式，分别从设计活动中的两个主要参与角色——设计师和用户的角度，明确了汽车内饰造型特征的认知方式，并且确定了以特征为主的汽车内饰造型元素认知。从实验的整个过程和实验结果来看，汽车内饰空间的认知信息实际上是通过汽车内饰空间的整体造型进行传递，而空间反过来又作用于汽车内饰造型的生成。

从汽车内饰空间设计三个要素：空间形态，空间布局以及空间特征之间的关系来看，空间布局实际上是链接空间形态与空间特征的桥梁，而汽车内饰空间的属性，是由其空间特征来表征的。分别以上述三个元素作为研究视角，剖析其中的关系，对于汽车内饰造型无疑具有积极的意义。事实上，上述三个元素之间既有其特殊性，又有着千丝万缕的关联，正如在汽车内饰设计过程中，设计师和用户在设计中都分别扮演着不同的角色。

6.3 空间理论下的汽车内饰设计方法

6.3.1　空间理论下汽车内饰元素的关系解释

从空间的角度上来看汽车内饰造型设计是一个空间的造型问题，一个完整方案汽车内饰空间造型设计包含对空间形态及其表征、空间构造和特征造型的解析。在6.2.1节中已经明确汽车内饰空间研究框架中的三个要素不但是汽车内饰的空间认知要素，还包含了汽车内饰造型的设计信息，每个认知要素实际上就是造型的信息集合。在2.4.3节中进一步明确了用户和设计师对汽车内饰空间的认知模式，虽然前者倾向于概括关联性认知，后者属于细节性分散认知，认知的差异性就表现为各个设计要素之间存在的关联性，这种关联性具体体现为不同的空间要素之间存在着映射关系（图6-2）。需要指出的是，在实际设计实践中汽车内饰空间要素之间的映射关系并不是一一对应的（图6-2），即同样的空间特征可以应用到不同的空间布局中（如在第3章都灵汽车博物馆实地调研中所展示的内饰仪表盘特征在不同汽车内饰中的应用实例），同样的空间形态（车型）也可以对应不同的造型布局（如在第4章中提及的奔驰概念车）。从图上来看，三个集合元素间拥有完整映射关系的形式构成了若干的"链"；结合汽车内饰空间研究构架，这种"链"表征了一个完整的汽车内饰造型设计方案。

在汽车内饰造型设计过程中，依据实际的设计需求不同，设计输入也不尽相同。依据设计需求的不同，可以将设计输入分为正向输入与逆向输入，即以满足空间特征为先的设计输入与以满足空间形态为先的设计输入。在实际的设计活动中，前者是以匹配空间形态（包括汽车外饰）为主要设计诉求，后者则是以满足空间特征造型（汽车内饰空间造型特征）为主要诉求。这里需要指出的是在当下主流汽车设计实践中，

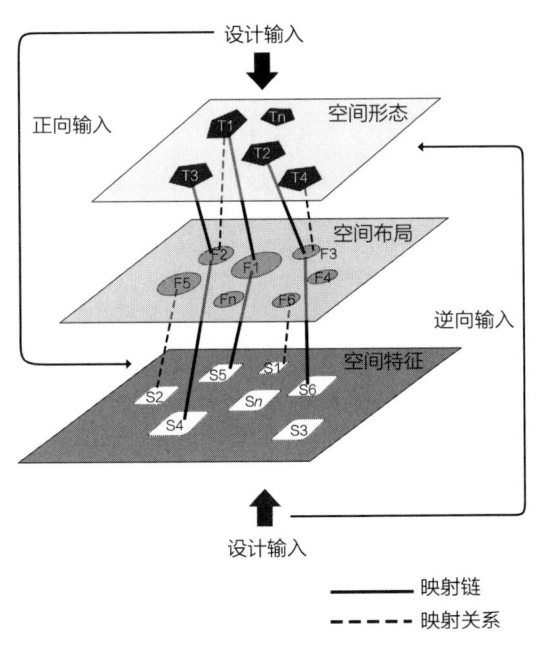

图6-2 汽车内饰空间元素映射关系（图片来源：自绘）

匹配空间形态的设计诉求主要是依据外饰造型与整体的风格语义约束等作为汽车内饰造型的输入条件，并运用于汽车内饰的整体开发与前瞻设计中；而满足特征造型的设计诉求则是以单纯的内饰造型为主，但汽车外饰带来的内饰造型设计影响有限，且多发生于现有车型的改款设计中。这一映射关系中两个不同的设计输入方向，表征了以空间整体设计为侧重点以及以部件造型设计为侧重点的汽车内饰造型设计的两个层面。此外，依据这一模型可以推论在未来的汽车内饰设计中，随着技术的发展，内饰造型以及空间布局将有可能决定外饰形态的生成。需要指出的是，工程设计和造型设计在汽车内饰设计活动中是一个有机的整体存在，虽然本书语境中所指的汽车内饰设计师的主要任务是造型设计（Styling），但是在实际设计过程中，造型设计依然要受到工程设计的约束。关于造型设计与工程设计的关系在此不做赘述，但具体设计实践中，这两个因素在设计师采取设计策略时所占比重，往往与设计师自身经验以及知识背景有关。

6.3.2 空间理论下汽车内饰造型的沟通模式

汽车内饰造型设计的沟通方式，不仅是设计师与用户对于一个具体造型的形态沟通方式，还是一个由产品形态组成的多个产品系统进而构成产品空间的沟通方式。换句话说，这种沟通方式，是一个产品空间的沟通方式。沟通的主要载体是汽车内饰各个部件的造型，而沟通的范式则是汽车内饰的空间构成（图6-3）。沟通的两个群体则是设计师与用户，空间的造型信息存在于汽车内饰空间的三个要素的集合之中。

本书第2章讨论了空间构成，并且在此基础上提出了汽车内饰空间的研究框架；针对研究框架中提出的汽车内饰空间设计的三个要素，第3章从认知和特征生成角度讨论了汽车内饰空间的特征；第4章采用空间句法工具探讨了汽车内饰空间布局；第5章则是从整体空间认知的角度对汽车内饰空间形态进行了研究，同时探讨了设计输入阶段对于汽车内饰空间生成的约束。最后针对汽车内饰空间造型设计主要分为空间认知和造型认知两个部分的认知模式，提出汽车内饰空间的沟通模式，由图6-3可得到以下三点结论。

①对于汽车内饰空间造型设计而言，汽车内饰空间包含部件造型，即汽车内饰空间元素。这些元素构成汽车内饰空间、特征空间布局以及空间形态构成的基本单位。汽车内饰的各个部件是汽车内饰空间构成各个子集合的实体元素。

②对于设计师而言,不论是汽车内饰空间还是汽车内饰空间特征都可以被单独的认知。对于空间的构成认知而言,设计师可以从内饰特征进行独立认知,两者之间不需要进行关联。

③对于用户而言,其对汽车内饰的认知是分散的,需要从汽车内饰特征的认知逐渐构建空间的认知。在第2章中的访谈调研中,第三种的造型特征认知中都明确了用户对于汽车内饰空间的认知是由基本的汽车内饰部件造型起始。

综上所述,汽车内饰部件造型、汽车内饰空间以及设计师与用户群体之间的认知是汽车内饰造型设计的沟通基础,将这一过程进行进一步推演,再进一步地提出汽车内饰空间的设计流程框架。

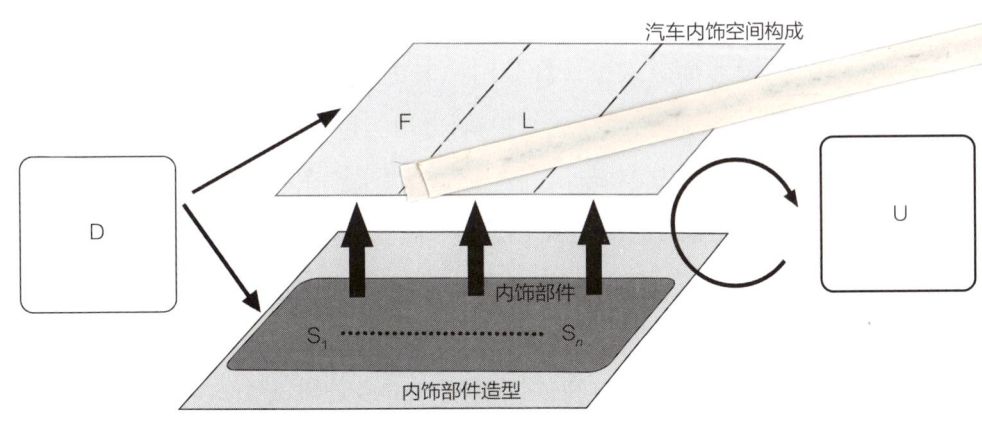

D:设计师;U:用户;F:空间特征;L:空间布局;S:空间形态

图6-3 汽车内饰空间沟通模式(图片来源:自绘)

6.3.3 汽车内饰的空间设计模式框架

根据本章中对于汽车内饰空间元素映射关系研究以及汽车内饰空间沟通模式,结合本书对汽车内饰空间构成的研究,以及前述章节中针对内饰空间构成元素所包含的设计信息实体化问题所提出的设计工具与理论,构建面向汽车内饰空间造型设计的模式框架(图6-4)。

此设计模式框架包含四个节点:空间形态;空间布局;空间特征;(空间特征)具体造型。其中空间特征具体造型是指空间特征的实体造型特征。从右至左的方向体现了汽车内饰空间造型设计的实践,设计流程包含设计输入以及设计信息物化两个部分,其中设计信息物化包括四个节点,每一个节点由一个设计工具或设计理论对节点中所包含的信息进行物化实现。对于设计输入阶段，在实际设计实践中，汽车内饰造型的设计需求输入一般落后于汽车外饰造型输入阶段。汽车外饰造型虽然并不直接在汽车内饰空间设计中体现，然而在汽车内饰空间设计中，汽车内饰空间的"边界"即汽车外饰造型实际上影响了汽车内饰的空间形态，即内外饰空间一致性的体现，且工程约束的考量也主要发生在这一阶段之中。流程中所涉及的空间形态、空间特征、空间布局等阶段无论在考察汽车内饰空间元素与外饰造型的映射关系，还是在汽车内饰空间沟通模式中，都是构成内饰设计有机整体的组成部分。然而，从具体设计实践上来看，采用相应设计工具对于某一节点中所包含的设计信息进行物化，实际上每个设计节点之间相对独立，也相互关联。具体造型则是汽车内饰空间造型的形态输出，在设计实践上就表现为，针对设计主题选择的合适语义，通过造型意向板工具，依设计师个人设计经验对汽车内饰空间特征（部件）进行具体的造型设计，关于这部分内容在本书5.4节中有详细论述。在此设计流程中，可进一步观察到，此流程从左至右的方向表征了普通用户对于汽车内饰的认知。从流程上来看，用户对于汽车内饰造型的认知是从（部件）具体造型认知逐渐过渡到整体空间认知。而在实际的认知过程中，不同于设计师，普通用户对于这两者的认知并不是如同设计师一样按"步骤式"的完成，而是一个整体性的识别，每个阶段的识别界限是模糊的。因此，对于汽车内饰空间的识别是一个多阶段认知组合加工的过程，且汽车内饰的具体造型往往是用户对于汽车内饰认知的起始点，可以看作是从"局部到整体"的认知过程，因而用户对于汽车内饰造型的认知过程实际上与设计师对于汽车内饰造型的过程相逆，这一认知结果与本书第2章访谈调研中用户对于汽车内饰空间的细节分散式认知模式相符合。在实际的汽车内饰空间设计中，只有将用户对内饰的需求和认知与设计师的设计意图完美结合才是内饰空间设计成功的基础与保证。

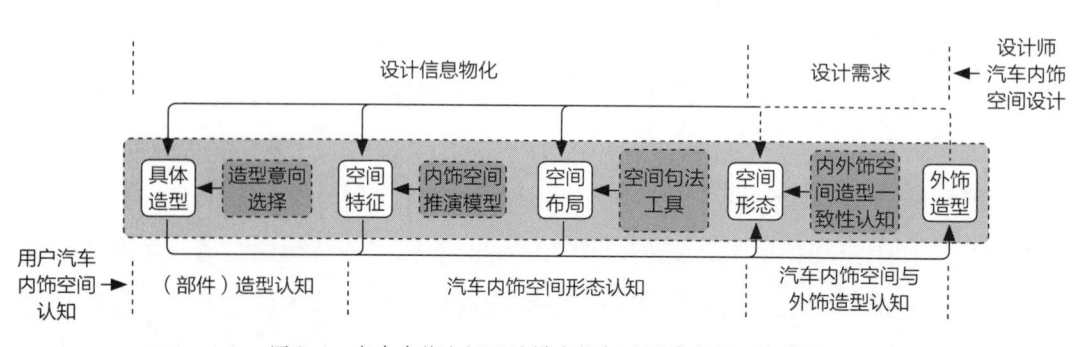

图6-4 汽车内饰空间设计模式框架（图片来源：自绘）

6.4 汽车内饰空间至产品空间本源回溯

6.4.1 工业设计领域中的产品空间

本书在前述各个章节中均有提及产品空间这一概念。这一概念在本书是用来明确汽车内饰空间形态的属性。在其他学科领域，对产品空间（Product space）这一概念有不同的关注点，2007年，塞萨尔·A·希达尔戈（Cesar A. Hidalgo）等人从产品在全球经济中交易之间相关性的网络概念出发，提出产品空间是一个正式化了在全球经济中交易的产品之间相关性的概念网络，借以预测未来的经济增长。甚至有学者提出了产品空间图（Product Space Map），用来描述某个现有产品所体现的价值与理想产品的接近程度，衡量产品效用的基本尺度，是一种价值和满足概念的具体表现形式。然而从设计学的角度出发讨论工业设计或产品设计的产品空间问题，目前却鲜有报道。从历史的角度看，在20世纪50年代，罗蒙德·罗维对空间站的设计，就是一个经典的产品空间范例。诚然产品空间作为一个"物"的存在本身并非一个新生事物，然而随着时代发展，产品空间的概念对于工业设计领域，尤其是未来无人驾驶技术成熟后的载人工具的乘员厢体空间设计，以及医疗器械产品设计（康复舱、治疗舱以及救护车内饰空间设计等）等领域皆有着重要的理论和实践意义，因而对其进行讨论是极有必要的。从宏观的角度看，产品空间从属于人造物的领域，是一个相对于建筑空间的人造空间，隶属工业设计领域所独有的空间形式，与前述产品空间概念不同。笔者认为，工业设计领域中的产品空间是一种集人造产品、产品所构成的物理空间、围绕产品空间的外部环境、产品空间使用功能和社会效应、产品空间的人机交互等众多因素的空间概念。

本书中的研究对象——汽车内饰空间，无论是从"物"的维度抑或是形态的维度皆从属于产品空间，具有产品空间的一般属性；因此，通过对汽车内饰空间的设计问题进行研究，并在此结果上尝试提出涉及产品空间的概念及内涵是适宜的。限于本书主题，在此仅以汽车内饰空间为例，对于产品空间进行初步讨论，主要目的是明确产品空间的基本概念及一些相关术语定义。需要特别指出的是，本书主题是汽车内饰的空间解析与设计，其主要内容的论述针对的是汽车内饰空间中的工业设计问题。本小节所涉及的产品空间这一概念，对其进行的内涵和特性研究皆是基于本书的研究成果提出的，从属于本书且是对本书研究内容的一个扩充和完善。

6.4.2 产品空间的内涵与性质

第2章对本书所研究的空间范畴进行了定义，即本书所提及和研究的汽车内饰空间为可感知的物质空间，从认知层面上明确了汽车内饰空间的认知方式是一个关于产品空间的认知方式。汽车内饰空间从属于物质空间，其在物质空间中的状态如图6-5所示：物质空间包含非人造空间和人造空间两个集合，产品空间与建筑空间集合隶属于人造空间集合，符合人造空间的一般规律；产品空间集合中的元素包含诸如汽车内饰空间、载人空间、医疗空间等，这些类别依据产品的功能划分；产品空间从形态上来说，是一个由工业产品所构成的具有空间可感知性的实体，是一个具有空间认知和属性的产品。因此，产品空间的概念是用来描述由一个或者若干个工业产品所构成具有空间认知感的、且能完成指定功能的完整产品。

根据以上分析，可以对产品空间的内涵进行明确，其包含五个方面：①产品空间的构成元素包含由一个或多个工业产品；②产品空间是能感知到的、且具有空间形态的实体；③产品空间必须满足某一个或者多个特定的功能；④组成产品空间中的所有元素协同实现产品的一种或者多种主要功能；⑤构成空间元素可以单独完成一种或者多种次要功能。在此还需要对①与⑤进行特别说明，针对①，在建筑空间中，特别是现代建筑中，很多建筑实际上也是工业产品，如预制板、钢结构等，但是这一类工业产品在常识认知中统称为建筑材料，不属于本书所提及的工业产品的认知范畴。针对⑤，一个或者几个构成产品空间元素的工业产品，可以独立于产品空间或者在产品空间范围内实现产品空间的非目标功能。如在汽车内饰空间中，汽车的音响系统可以单独实现影音播放功能，而汽车内饰空间的主要功能是实现车辆行驶操作，显然影音播放这一功能并不会影响车辆驾驶功能。甚至有些品牌的汽车由于极度控制制造成本，而放弃配备音响系统。因此，将这一类的产品空间功能称为次要产品空间功能，构成产品空间的用以完成非必要功能的元素被称为次级产品空间元素。由于本书的篇幅所限，到此仅将产品空间的内涵及其性质进行明确，其所涉及的相关应用及外延拓展研究在此不便赘述。

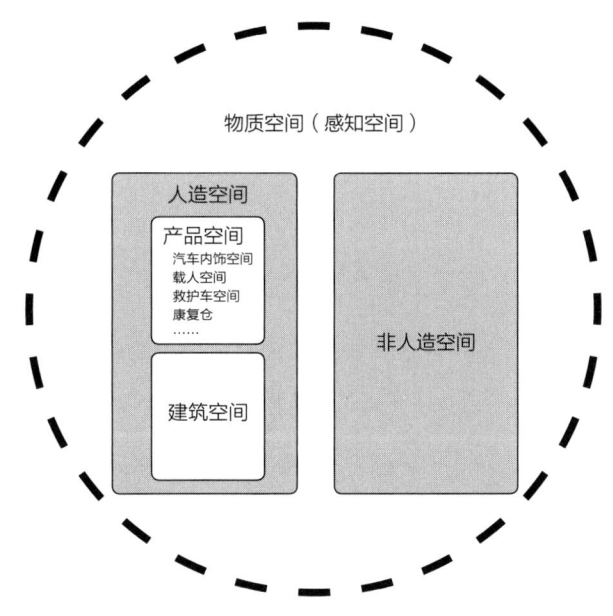

图6-5 产品空间在物质空间中的状态（图片来源：自绘）

本章参考文献

[1] 王晖. 科学研究方法论[M]. 上海：上海财经大学出版社，2009.
[2] 张福昌. 现代设计概论[M]. 武汉：华中科技大学出版社，2007.
[3] 廖林清，王化培，石晓辉，等. 机械设计方法学[M]. 重庆：重庆大学出版社，2012.

第 7 章

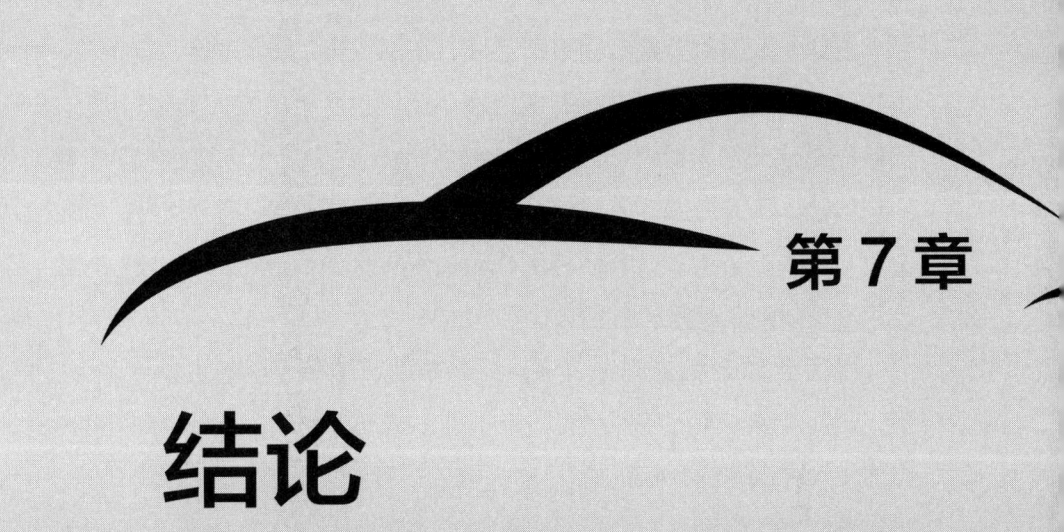

结论

设计是人类对美好事物不断追求、不断探索、不断创新过程中的一种智慧；是人类为了实现特定目的而进行的创造性活动，包含于一切人造物形成过程中。工业设计的核心是让使用者对产品产生身心愉悦的亲和感，从使用方式、材料、生产、组装、用户体验、服务方式到外观等多个方面不断推陈出新，更好地为人服务。推陈出新是企业与市场的桥梁：一方面将生产和技术转化为适合市场需求的产品，另一方面将市场信息反馈到企业促进企业的发展。

汽车自20世纪末诞生以来，经马车型、箱型、甲壳虫型、鱼形、楔形等原始车型，到如今梦幻般的各种形貌的豪华型、运动型跑车；从仅以每小时18公里的速度到由速度为零加速到100公里/小时只需要三秒钟多一点的超级跑车。虽然汽车经过一百多年的发展，然而从社会、经济的发展来看，汽车内饰空间设计的发展远远落在了外饰设计的后面。新时代下，新的消费观念以及"移动空间""人工智能""自动驾驶"等新概念促使设计师们重新认识汽车内饰空间的布局和造型。提升汽车内饰空间设计，将其上升到以理论指导设计，加强对汽车内饰设计的认知，获得新的汽车内饰空间造型产品，总结出新的设计认知模型，进一步促进创新汽车内饰空间设计，繁荣汽车工业，无疑是非常有价值的研究课题，也是本书的主旨。

7.1 研究的主要成果

从空间问题的认知和哲学研究出发，通过东西方空间哲学文献研究，结合本文的研究对象，探讨了空间的定义、空间的边界以及空间构成问题，提出包含空间边界、空间元素和空间属性的空间构架。明确了本文所探讨的空间是一个有界的物理空间，空间的边界是确实可感受的物理边界，空间中的"物"是构成空间的基本单位，两者共同构建了物质空间；空间的认知建立在人对空间边界以及空间元素的感知上。

从不同层面、不同角度介绍并阐明汽车内饰设计中的空间问题，通过对汽车内饰功能属性与空间属性的分析，确定了汽车内饰的空间构成关系，结合实际案例以及一些设计现象、适用的空间理论和模型，对汽车内饰设计中出现的空间问题、汽车内饰空间造型设计的主要问题进行讨论。提出汽车内饰空间问题本质上是一个"设计的空间问题"。从空间概念、空间元素、空间对象的空间观出发，为汽车内饰的空间研究提供认知基础。对弗伦德什（Freundschuh）总结的15种经典空间模型进行分析，选取考克李里（Couclelis）和盖尔（Gale）的空间模型作为适用于汽车内饰空间研究的模型，结合本文的空间构架，提出以空间特征、空间布局与空间形态为研究对象的空间设计研究框架，为汽车内饰的空间研究提供认知以及设计基础。

通过汽车内饰空间认知访谈调研结果，表明空间设计研究框架具有可行性，同时结果还表明：无论设计师和用户都认为汽车内饰是一个由汽车外覆件所围合的相对封闭的空间，汽车内饰中的部件是构成汽车内饰空间的基本元素，设计师和普通用户对于影响人在汽车内饰空间中活动以及人与人之间交流的因素具有共识，认为汽车座椅及其朝向是最大的影响因素。在空间认知路径选择上，普通用户倾向于"细节分散性认知"，而设计师则倾向于"概括关联性认知"。

通过文献调研结合汽车博物馆实地考察对汽车内饰发展沿革进行梳理，可知汽车内饰发展经历三个阶段：关注操纵性、功能性设计的功能主导期；功能完成和空间构建之间不断震荡的过渡期；关注空间构成的现代空间主导期。汽车内饰的形态变化是一个逐渐空间化的过程，现代汽车内饰空间特征日益凸显。

汽车内饰空间造型特征是承载汽车内饰美学传递的重要载体。通过汽车内饰的空间特征认知差异实验，探究了普通用户与具有专业背景的设计师对汽车内饰空间特征线和交界线的认知差异。在内饰空间造型认知中，两个群体对于汽车内饰中特征线和交界线的识别总量没有差异性，即对汽车内饰设计信息总量的识别没有差异性。而用户对交界线的认知弱于对特征线的认知，即对交界线的认知敏感度弱于特征线的认知；设计师因具有专业知识背景，对特征线与交界线的识别并不存在差异性，即对特征线与交界线的认知都表现出敏感性。以此为基础，构建了设计师与普通用户对汽车内饰造型特征的识别模型，通过"艾盛电动车内饰设计"设计案例，为此识别模型在设计实践中的可行性提供了支持。

基于克鲁森（Creusen）提出的用户认知六个不同的产品属性角色，以及弗朗西斯科（Francesco）的产品类别与使用模式的研究，对汽车内饰空间特征属性及其属性认知进行分析，提出汽车内饰特征推演模型。在设计实践中，采用汽车内饰特征推演模型对"E200电动车内饰设计"方案进行推演，从造型生成的角度讨论汽车内饰特征推演模型在设计中的应用。

依"空间布局—汽车内饰空间布局"的循序渐进方式对汽车内饰空间的布局问题进行了研究。从人造空间的审美、功能和意义对布局进行阐述，用并非具体尺寸的拓扑关系来表达汽车内饰空间各部分的相对关系。随汽车的用途不同、功能要求各异，内饰空间布局也随之而变。结合"中国重汽HOWO轻卡"项目的卡车内饰造型的使用场景分析，阐述了汽车内饰的居住性对内饰空间布局的影响。随后设置"汽车内饰空间布局感知实验"，实验结果表明，汽车内饰空间的流通性和私密性与座椅排布及其座椅的朝向密切相关。

采用空间句法，以汽车座椅布局作为研究对象，对七种不同品牌且座位数相异的车型的空间布局进行拓扑深度计算，分别获得相应的深度值和标准化集成度值。研究结果表明，就流通性和私密性而言，空间句法计算结果与汽车内饰空间布局感知实验得到的结果基本一致，说明空间句法作为一个汽车内饰空间设计的辅助工具是可行的。在实际设计中，可依据空间句法分析得到各种变量指标，依设计需求确定汽车内饰空间的基础单位如座椅，采用空间句法工具对其进行分析，将得出的数据与内饰设计期望进行匹配，并进行设计修改、迭代，为设计实践提供更多可选方案。

为了明确汽车用户与设计师对于汽车内外饰一致性的认知差异。汽车设置"内外饰空间造型感知差异实验"，实验结果表明：①无论是设计师还是用户皆具有认知汽车内外饰造型一致性的能力；②两个群体对于汽车内外饰造型一致性认知存在差异性，这一差异性表现为设计师对汽车内外饰造型风格一致性判断较为准确，而用户对汽车内外饰认知一致性准确程度相较于设计师低；③虽然普通用户对汽车内外饰造型一致性的认知敏感度不如具有专业背景的设计人员，但是具备正确感知汽车内外饰造型一致性的基本能力。通过文献参阅与案例分析，对汽车内饰空间的空间形态进行了研究，提出了汽车内饰空间形态的三个要素：空间尺度、空间张力和空间表意。

空间尺度并不是指物理学上的尺寸概念，并非空间尺寸，它与空间比例、空间的界面处理和内饰空间体量有关。通过表意来描述空间的意义，"以形表意"，考察了汽车内饰空间设计意图与汽车形态表达的关系。

通过"中车株机美学战略手册"项目对汽车内饰空间形态与空间设计主题进行讨论。主题和语义描述是贯穿于设计过程和设计结果的核心设计思想，有助于设计师在设计过程理解产品所含意义和主题，有效地指导整个造型设计工作。设计的表意包含于设计主题之中，设计活动中"表意"的具象内容的表达，也是设计的主题。表意实际上是一种对于设计需求的约束，通过这种约束可以为设计的产品构建一个关于其各种属性以及适用范围的"空间"，是对各种需求的具体描述的集合，设计主题就是一个与空间意义有关的表达。

汽车的内饰与外饰是汽车产品中不可分割的两个层面，汽车外饰是汽车内饰空间的外延。对汽车内饰造型与外饰造型的映射关系进行研究，明确了汽车内饰造型与外饰造型之间的映射关系以及内饰结构与外饰结构之间的映射关系；设置实验考察了不同职业背景的人群对汽车内外饰映射关系一致性的认知差异，从统计学的角度证明了这种映射关系对于设计师和用户都是成立的，使内饰和外饰产生了一种有机的链接，明确了汽车的空间性。

汽车内饰设计与产品设计的显著区别在于：相对于后者，汽车内饰设计的空间性作为其独特的产品属性，需要考虑在设计流程内，提出汽车内饰空间元素映射关系，对空间角度下的汽车内饰空间中的各个设计元素之间的映射关系进行了分析。在具体设计流程上，针对空间角度下汽车内饰设计过程中空间与设计的关系以及具体设计操作层面进行了分析和明确。汽车内饰空间设计是按照形态表征、空间构造以及造型特征三个层面进行，以"链"的形式来表征一个完整的汽车内饰造型。针对每个层面之间不同的设计侧重点，依据设计任务的不同将设计输入分为：以形态表征为优先的正向输入与造型特征为先的逆向输入。以空间形态、空间布局以及空间特征三个元素为核心构建了空间视角下的汽车内饰空间设计模式框架。为汽车内饰设计提供一个全面的设计方法。

7.2 研究的创新点

通过对汽车内饰功能属性与空间属性的分析，在本文的空间构成框架下明确了汽车内饰的空间构成，提出汽车内饰空间问题本质上是一个"设计的空间问题"。从工程和产品的角度，研究了汽车内饰空间设计要素，提出了汽车外饰构成了汽车内饰的空间边界。此外，构建了以空间特征、空间布局与空间形态为研究对象的空间设计研究模型，为汽车内饰的空间研究提供认知模式基础。同时，提出了设计师与普通用户的空间认知模式。通过预访谈和访谈调研发现：在空间边界的认知上，用户倾向于"可见围合边界"，设计师倾向于"可见围合边界"与"部件构成边界"结合的概念形成方式。在空间构成上，普通用户的认知方式倾向于"单个列举"；而设计师则倾向于"多个归纳"。在人与汽车内饰空间的关系问题上，用户和设计师都倾向于一种对于汽车内饰部件的"空间布局"的描述，其中座椅布局是影响人员活动以及人与人之间交流的重点问题。

设置问卷调查实验，采用数理统计方法对实验数据进行分析，探究了具有不同专业背景的普通用户和设计师，对汽车内饰空间特征线和交界线的认知差异。结果表明，用户对于特征线与交界线的总认知数是一致的，表明对于汽车内饰空间的造型信息获取没有差异。而由于知识背景的差异，普通用户对交界线的认知敏感程度弱于对特征线的认知；设计师对特征线与交界线的认知敏感程度一致。在此基础上，构建了设计师与普通用户对汽车内饰造型特征的识别模型，通过汽车内饰设计实例，为汽车内饰设计和评价提供有价值的参考。

通过汽车内饰空间布局感知实验结果表明，对于汽车内饰空间的流通性和私密性，除了座位数之外，与座椅额排布及座椅的朝向密切相关。空间句法在城市规划、建筑领域已有很多应用研究，但是，在工业设计，特别是在汽车造型领域中还鲜有报道。借助空间句法，对汽车内饰空间的拓扑关系、各部分的相对尺度，从"构形"的角度对汽车内饰空间布局进行讨论，采用平面图的处理方法，对汽车内部空间布局进行研究。对七种不同座椅数的汽车内饰，以两种不同的点作起点的J–型图进行分析并进行拓扑深度计算，分别获得相应的深度值、连接值、全局整合度和标准化集成度值，研究了这些计算得到的参数与汽车内饰空间的流通性、私密性等特性的关联，为汽车内饰空间布局设计提供了一个数据上可参考的依据。

对汽车内饰空间的特征、内饰空间的布局和内饰空间的形态进行讨论，提出汽车内饰空间形态的三个要素：空间尺度、空间张力和空间表意。空间尺度不是指的物理学上的尺寸概念，而是汽车内饰的空间尺度。空间张力是一种非物理概念上的力，而是一种关于形态和感觉的描述，是空间或形态的实在的、可量化描述的变量；表意则是描述空间的意义，是汽车内饰空间设计意图的表达。通过汽车内外饰空间造型差异实验，明确了汽车内饰造型与外饰造型之间存在映射关系以及内饰结构与外饰结构之间存在着认知的一致性，并且从统计学的角度证明了设计师和用户都具有这种认知能力。由于这种认知关系的存在，汽车内饰和外饰实际上有了一种有机的链接，明确了汽车的空间性。综合本文中对汽车内饰空间认知以及对于汽车内饰空间设计框架中的空间特征、空间布局以及空间形态研究，提出汽车内饰空间设计模式框架，为设计师在实际设计中提供新的设计思路。结合本书对汽车内饰空间研究，对产品空间这一概念进行了初步的阐述。

总而言之，汽车内饰是一个集合了技术与艺术的高端工业产品，随着人工智能、无人驾驶等趋势的到来，为汽车产品赋予了新的意义。特别是对于汽车内饰而言，汽车内饰逐渐由一个驾驶空间转化为社会空间的一部分，尽管在这种趋势下，汽车内饰造型可能与当今车型有着截然不同的视觉呈现，但是造型问题终究还是汽车内饰设计问题的重要组成部分，本书的研究旨在提供一个普适的汽车内饰空间设计认知与设计方法。对于汽车内饰设计这一宏大的问题，设计研究者和实践者为此进行了新的设计理论研究与设计实践探索，希望本书的内容也能贡献微薄之力。

附录

附录1

开放式空间为主

达芬奇弹簧动力车，1748年

座椅设置
佩克利蒸汽车，1891年（Pecon）
里克特汽车，1858年（Rickett's vehicle）

特征功能完成时期

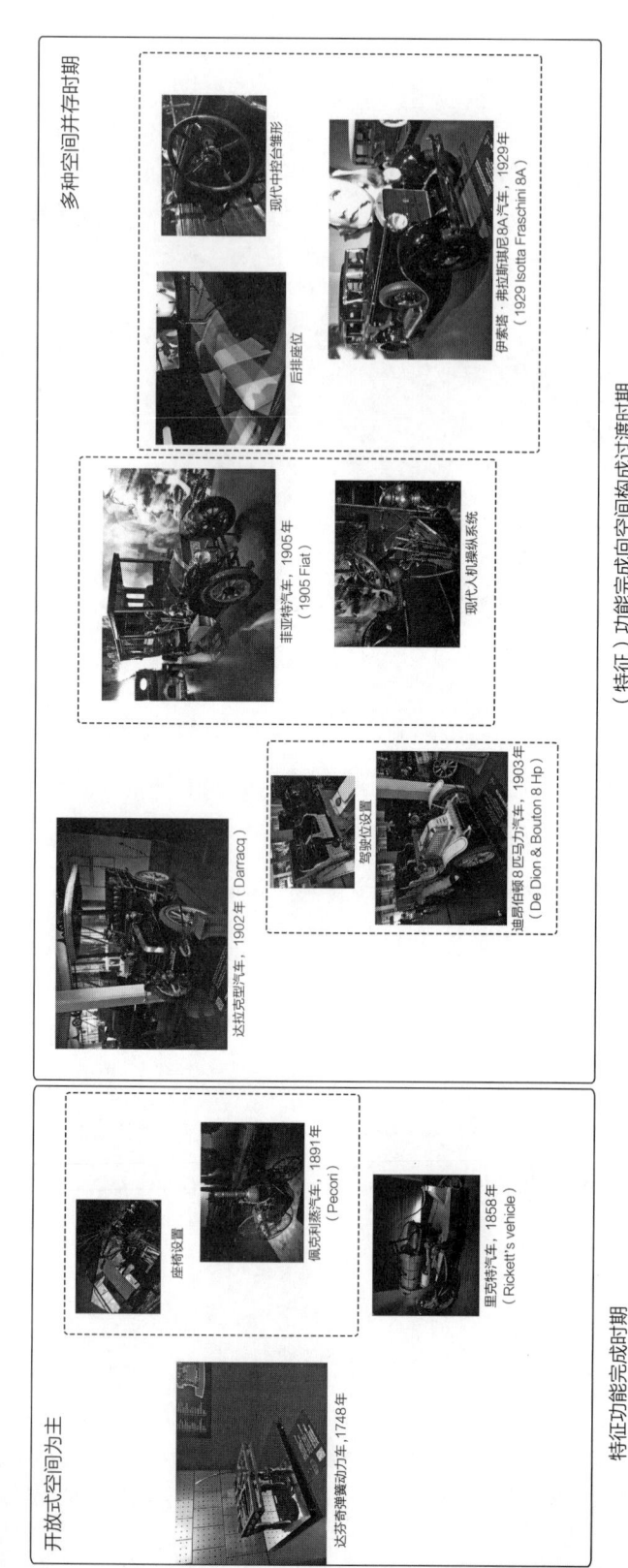

达拉克型汽车，1902年（Darracq）

驾驶位设置
迪昂伯顿8匹马力汽车，1903年（De Dion & Bouton 8 Hp）

菲亚特汽车，1905年（1905 Fiat）
现代人机操纵系统

现代中控台雏形
后排座位
伊索塔·弗拉斯琪尼8A汽车，1929年（1929 Isotta Fraschini 8A）

多种空间并存时期

（特征）功能完成向空间构成过渡时期

特征从属空间时期

封闭空间为主

希斯塔利亚汽车，1948年
(1948 Cisitalia)
现代式中控布局

菲亚特600迷你厢式车，1956年
(1956 FIAT 600 MultiVan)
座椅布局

利沃塔LeLe F汽车，1972年
(1972 Rivolta LeLe F)
空间美学性内饰

丰田埃尔法，2006年
居住型内饰

雪佛兰FNR-X汽车，2017年
风格型内饰
外饰内饰关联形态

附录

附录 2

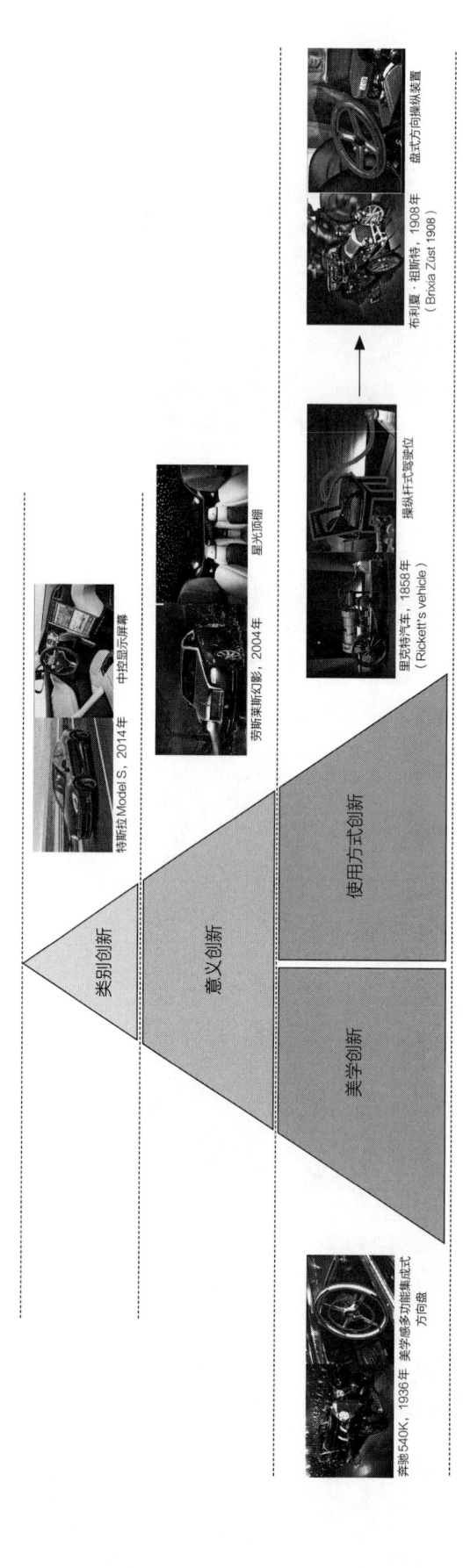

类别创新
- 特斯拉 Model S，2014 年　中控显示屏幕

意义创新
- 劳斯莱斯幻影，2004 年　星光顶棚

使用方式创新
- 里克特汽车，1858 年　操纵杆式驾驶位（Rickett's vehicle）
- 布利夏·祖斯特，1908 年　盘式方向操纵装置（Brixia Züst 1908）

美学创新
- 奔驰 540K，1936 年　美学感多功能集成式方向盘

附录 3　插图索引

图 1-1　三种类型驾驶舱（图片来源：自摄）/ 009

图 2-1　物与非物的空间构架（图片来源：自绘）/ 028

图 2-2　弗伦德什（Freundschuh）总结的15种经典空间认知模型归类（图片来源：依据文献[117]整理绘制）/ 035

图 2-3　汽车内饰空间关系模型（图片来源：自绘）/ 036

图 2-4　空间元素与汽车内饰空间设计要素 / 040

图 2-5　汽车内饰空间研究框架（图片来源：自绘）/ 042

图 2-6　访谈实验现场（图片来源：自摄）/ 044

图 2-7　访谈词语抽取（图片来源：自绘）/ 045

图 2-8　访谈题目词汇分类统计（图片来源：自绘）/ 046

图 2-9　设计师与普通用户的空间认知模式（图片来源：自绘）/ 048

图 3-1　意大利都灵国家汽车博物馆（图片来源：自摄）/ 055

图 3-2　汽车内饰空间特征与演变（图片来源：自绘）/ 056

图 3-3　汽车内饰特征与内饰空间演变过程（图片来源：自绘）/ 058

图 3-4　中控构架板面的属性特征及不同材质的交界（图片来源：自绘）/ 059

图 3-5　汽车内饰空间特征线和交界线 / 060

图 3-6　汽车内饰的主要视角（图片来源：自摄）/ 062

图 3-7　全景展示中控台和方向盘的角度（图片来源：汽车之家官网）/ 062

图 3-8　实验样本处理（图片来源：自摄）/ 062

图 3-9　实验对象描摹（图片来源：自摄）/ 063

图 3-10　依据实验实图整理的实验样本（图片来源：自摄）/ 063

图 3-11　普通用户与设计师对汽车内饰空间特征识别模型（图片来源：自绘）/ 066

图 3-12　电动车造型设计迭代过程（图片来源：团队方案）/ 068

图 3-13　两轮设计方案（部分）对比方案（图片来源：团队方案）/ 068

图 3-14　拉姆皮诺创新金字塔模型（图片来源：依据文献[162]整理绘制）/ 071

图3-15　拉姆皮诺创新金字塔模型与汽车内饰空间特征对应关系（图片来源：自绘）／072

图3-16　汽车内饰空间特征推演模型（图片来源：自绘）／073

图3-17　E200电动车内饰概念设计（图片来源：项目组方案）／074

图4-1　以SAEJ1100为基准的座舱中的乘员的乘坐空间以及乘坐状态（图片来源：《H-point The fundamentals of car design & packaging》）／084

图4-2　三种车型内饰（图片来源：自绘）／085

图4-3　中卡使用场景调研（图片来源：自绘）／086

图4-4　伊索塔法拉奇尼（Isota Fraschini）与意塔拉（Itala）内饰比较　／087

图4-5　内饰布局抽取以及布局图例（图片来源：自绘）／089

图4-6　问卷调查结果柱状图（图片来源：自绘）／090

图4-7　七座途安流通性和私密性评分分布（图片来源：自绘）／091

图4-8　汽车发展初期汽车内饰设计（图片来源：自摄）／092

图4-9　从普通平面到关系图解（图片来源：文献[22]）／093

图4-10　宝骏730的内饰俯视平面图（图片来源：自绘）／095

图4-11　七座宝骏730内饰空间（a）、方块图（b）及其空间构形J–图（c）（图片来源：自绘）／097

图4-12　各车型标准化集成度分布图（图片来源：自绘）／099

图5-1　问题一实验素材展示（图片来源：自绘）／109

图5-2　问题二实验素材展示（图片来源：自绘）／109

图5-3　实验答题展示（图片来源：自绘）／110

图5-4　电动概念车设计效果图（图片来源：课题组团队设计）／115

图5-5　中国重汽HOWO中卡设计细节方案对比（图片来源：项目组设计方案）／116

图5-6　问题答案索引框架（图片来源：自绘）／120

图5-7　语义层级与语义原型库（图片来源：自绘）／120

图5-8　中车株机设计主题生成模式（图片来源：自绘）／121

图5-9　E200电动车内饰设计（图片来源：项目组方案）／123

图5-10　CDN大赛金奖作品（图片来源：获奖者方案展板）／124

图6-1　汽车内饰空间造型的认知属性（图片来源：自绘）／131

图6-2　汽车内饰空间元素映射关系（图片来源：自绘）／135

图6-3　汽车内饰空间沟通模式（图片来源：自绘）/ 137

图6-4　汽车内饰空间设计模式框架（图片来源：自绘）/ 138

图6-5　产品空间在物质空间中的状态（图片来源：自绘）/ 141

附录 4　附表索引

表 2-1　汽车内饰空间问题访谈的被试人员基本情况　/ 044
表 2-2　题目 5 回答词频分析 *　/ 046
表 3-1　空间特征差异实验参加人员基本资料　/ 061
表 3-2　设计师组和普通用户组对汽车内饰特征线和交界线识别（Q 检测）/ 064
表 3-3　设计师组和普通用户组对汽车内饰的特征线及交界线认知差异　/ 065
表 4-1　设计目的与标准类型（表格来源：整理自《汽车内饰设计概论》）/ 084
表 4-2　汽车内饰空间布局感知实验参加人员基本资料　/ 088
表 4-3　汽车内饰空间布局感知实验结果　/ 089
表 4-4　各车型标准化集成度（RRA）/深度值（MD）/ 098
表 5-1　汽车内外饰空间造型认知差异实验参试者基本情况　/ 108
表 5-2　汽车外形与内饰空间匹配实验结果　/ 110
表 5-3　普通用户组对 6 个答案序号选择人数与参试人数比（百分比）/ 112